ANTES QUE OS TAMBORES TOQUEM

A HISTÓRIA QUE DEU ORIGEM AO BEST-SELLER "TAMBORES DE ANGOLA"

1ª edição | novembro de 2015 | 10 mil exemplares
3 reimpressões | 4,5 mil exemplares
5ª reimpressão | agosto de 2023 | 1 mil exemplares
6ª reimpressão | setembro de 2024 | 1 mil exemplares

CASA DOS ESPÍRITOS EDITORA
Avenida Álvares Cabral, 982, sala 1101
Belo Horizonte | MG | 30170-002 | Brasil
Tel.: +55 (31) 3304-8300
editora@casadosespiritos.com.br
www.casadosespiritos.com

EDIÇÃO, PREPARAÇÃO E NOTAS
Leonardo Möller

CAPA, PROJETO GRÁFICO E DIAGRAMAÇÃO
Andrei Polessi

REVISÃO
Cláudia Regina Barros

IMPRESSÃO E ACABAMENTO
PlenaPrint

Dados Internacionais de Catalogação na Publicação (CIP)
(Câmara Brasileira do Livro, SP, Brasil)

Inácio, Ângelo (Espírito).
Antes que os tambores toquem / pelo espírito Ângelo Inácio ; [psicografado por] Robson Pinheiro . – 1. ed. – Contagem, MG : Casa dos Espíritos, 2015. Bibliografia

ISBN 978-85-99818-53-4

1. Espiritismo 2. Psicografia 3. Romance espírita I. Pinheiro, Robson. II. Título. III. Série.

15-09916   CDD – 133.9

Índices para catálogo sistemático:
1. Romance espírita : Espiritismo 133.9

ANTES QUE OS TAMBORES TOQUEM

ROBSON PINHEIRO

pelo espírito ÂNGELO INÁCIO

Da coleção SEGREDOS DE ARUANDA
Tambores de Angola
Aruanda
Corpo fechado
Antes que os tambores toquem

OS DIREITOS AUTORAIS desta obra foram cedidos gratuitamente pelo médium Robson Pinheiro à Casa dos Espíritos, que é parceira da Sociedade Espírita Everilda Batista, instituição de ação social e promoção humana, sem fins lucrativos.

COMPRE EM VEZ DE COPIAR. Cada real que você dá por um livro espírita viabiliza as obras sociais e a divulgação da doutrina, às quais são destinados os direitos autorais; possibilita mais qualidade na publicação de outras obras sobre o assunto; e paga aos livreiros por estocar e levar até você livros para seu crescimento cultural e espiritual. Além disso, contribui para a geração de empregos, impostos e, consequentemente, bem-estar social. Por outro lado, cada real que você dá pela fotocópia ou cópia eletrônica não autorizada de um livro financia um crime e ajuda a matar a produção intelectual.

O Acordo Ortográfico da Língua Portuguesa, ratificado em 2008, foi respeitado nesta obra.

SUMÁRIO

Introdução
por Ângelo Inácio [espírito], vi

1
Alucinação, 11

2
Afinidades, 45

3
Neurose ou fascinação?, 77

4
Um caso diferente, 113

5
Olhos de um outro mundo, 141

6
Filho de santo não tem querer, 179

7
Diversas faces da umbanda, 215

8
Descarrego, 255

9
O poder da fé, 291

INTRODUÇÃO

por Ângelo Inácio

[espírito]

Antes que os tambores tocassem, antes que fizessem barulho, incomodando os preconceituosos; antes que os tambores repercutissem pelo Brasil e pelo mundo, a história de Erasmino, de Niquita e seus amigos teve um começo. Antes que os donos da verdade se incomodassem com os toques de Angola, de Aruanda ou dos pais-velhos e caboclos, houve um começo, um desenrolar de fatos que levaram esses personagens aos pés de uma mãe-velha, a beber na fonte da sabedoria dos caboclos.

Para entender o ritmo dos *Tambores de Angola*, o leitor precisa voltar no tempo e ouvir a história antes da história. Com esse intuito, resolvi descortinar não apenas lances inéditos e pregressos da trama, mas, também, pormenores de passagens resumidas há muitos anos, quando ensaiava minhas primeiras linhas, através deste médium — ao menos, as primeiras que se prestariam à publicação.

Repercutindo ainda hoje, estes *Tambores* continuam derrubando preconceitos, erodindo tabus e proibições, e levantando o véu da realidade que envolve os cultos de nação e de umbanda, sem pretensões de descortinar ou discutir a doutrina dessa maravilhosa religião brasileira, mas, tão somente, contribuindo para que a umbanda não se transforme numa senzala moderna, onde se confinam e segregam aqueles que contribuíram para que o Brasil se transformasse nessa grande nação que é, nos dias atuais.

Na história de cada personagem, o leitor poderá descobrir o lado humano, o sofrimento de cada um, as máscaras que caíram ao longo do tempo ou o futuro, que hoje é presente, desses seres reais que, ainda hoje, vivem dramas e desafios que enriquecem suas vidas.

Eis que apresento a vocês a parte íntima dos personagens, desnudando-os por completo, tirando o véu do preconceito e mostrando como eles fizeram o percurso, desde seus limitados conhecimentos a respeito da umbanda até se admitirem necessitados de ajuda espiritual. Retiro o véu que cobria sua parte humana e mostro a vocês a história, tal qual era *Antes que os tambores toquem* — ou tocassem.

ÂNGELO INÁCIO
Belo Horizonte, 6 de novembro de 2015.

1
ALUCINAÇÃO

A HISTÓRIA poderia ter se iniciado em qualquer lugar do mundo, em qualquer cidade do país. Mas não. Começou justamente na célebre Cidade Maravilhosa.

O Rio de Janeiro sempre foi uma cidade especial, tanto por sua história quanto por ser palco da história. E, também, por causa de seu povo, sua gente, que sabe fazer samba mesmo em meio aos maiores desafios. Canta, dança e traz uma alegria que desce do morro e invade as calçadas e botequins da cidade onde cada qual vivencia conquistas e dramas, atestando vitórias e derrotas que são a própria expressão da poesia humana.

Tudo começou nesse recanto abençoado por Deus e, ao mesmo tempo, manipulado pelos homens.

Aquela era uma sexta-feira não muito diferente de outras, naquele escritório de advocacia, situado no centro do Rio. Como sempre, o sol nasceu, como em qualquer outro dia. A cidade regurgitava de gente de todas as procedências: turistas, moradores e trabalhadores, no frenesi típico que antecede cada fim de semana. Ainda assim, talvez aquele dia fosse o primeiro de uma história que transformaria muitas vidas.

O clima era de excitação e festa. Mas não uma celebração

qualquer. Aloísio finalmente havia sido transferido para uma sucursal da empresa onde trabalhava, algo que ambicionava há muito. A transferência vinha acompanhada de promoção e aumento de salário, o que tornava tudo muito mais atraente. Todos o cumprimentavam e ele, de maneira espontânea, resolvera promover uma festinha após o expediente. Afinal, a carreira estava em plena ascensão e a novidade pedia comemoração; era o pretexto ideal para uma noite no local de sua preferência. Porém, seria a última vez, pois prometera a si mesmo que, tão logo recebesse uma promoção, pararia com as orgias e noitadas, deixaria as drogas de lado e se casaria com a mulher de sua vida, atualmente, sua namorada. Porém, Aloísio também não podia se enganar; já fizera aquela mesma promessa em diversas circunstâncias e em diversos outros momentos.

— Juro que será a última vez, Igor — falava para o amigo, peça fundamental na comemoração planejada.

— Não me venha com essa besteira, cara, pois sei muito bem que você gosta tanto de nossos encontros noturnos e das meninas que jamais deixará essa vida de lado.

— É, cara... eu gosto mesmo. Mas hoje vai ser especial,

Igor. Você pegou a encomenda com o Zé Benguela?

— Claro, campeão... — respondeu o amigo inseparável de Aloísio. — Você acha que teria alguma graça se jogar na farra sem uma ajudinha especial?

Há bastante tempo os dois já compartilhavam momentos de prazer impulsionados pelas drogas. Igor aprendera como se abastecer diretamente com o distribuidor, numa boca de fumo da Maré — o Complexo da Maré, que reunia algumas das favelas mais perigosas da cidade. Desta vez, havia comprado boa quantidade. O pagamento, ele dividiria com Aloísio.

— Tem horas em que fico imaginando... Se minha querida Sofia descobrisse que eu uso drogas, será que ela ainda me aceitaria?

— Você é um viciado, cara! — falou Igor, rindo debochadamente, como se o uso de drogas fosse a coisa mais natural do mundo.

— Se eu sou viciado — respondeu Aloísio, que não admitia ser mais do que mero consumidor moderado —, fico imaginando como classificar você nessa história. Afinal, seu histórico é bem maior do que o meu.

— O problema, meu caro, é que entre mim e você existe um abismo. Eu admito que sou viciado, que gosto e jamais deixarei as drogas; elas fazem parte de mim. Mas, e você?!

— O que tem eu, Igor? Me conta? — os dois conversavam enquanto se dirigiam à casa de prazeres, como denominavam o local onde tantas vezes se refestelavam em intensas orgias, regadas a muita bebida e droga. — Acha que sou como você? — Abraçou o colega, rindo adoidado, quase como se já estivesse sob o efeito das drogas.

— Deixemos isso pra lá, pois você nunca vai admitir que é mais do que um usuário comum, dos mais inocentes do planeta.

Os dois riam como se fossem adolescentes que rissem de uma situação qualquer.

— Que demais, hein, Aloísio?! Você sendo transferido; agora, terá o cargo que sempre quis.

— Não é somente isso, Igor. Agora vou mandar, ter poder nas mãos. Já não aguentava mais ficar naquele escritório como mero advogado. Por isso, hoje vou me esbaldar até o dia amanhecer. Mereço comemorar!

— Imagine se amanhã fosse segunda-feira... a gente faltaria o resto da semana com ressaca.

— Ressaca você verá amanhã, meu amigo. Vamos ultrapassar todos os limites hoje à noite! — empolgou-se Aloísio, vivaz e cheio de planos para a noite de excessos. — Mas esta será minha última vez, eu prometo.

— E você ainda acredita nas próprias promessas?

— Espere e verá, Igor. Tenho certeza de que nunca mais voltarei aqui, nem vivo nem morto.

— Bem, vamos ver se é capaz de cumprir a promessa ao ver as meninas e sentir aquele cheirinho gostoso...

— Você é muito desequilibrado, amigo — ironizou Aloísio.

— Desequilibrado? Somente eu?

— Somente você, pois não se esqueça de que sei de sua vida nos mínimos detalhes.

— Mas não é somente você que sabe a meu respeito. Nunca neguei nada a nenhum de nossos amigos. Mas e seu vício particular?

— Vício particular? Eu sou um homem de respeito, advogado, sucesso pleno em todos os setores da vida. Será que o vício particular ao qual se refere é o vício da vitória?

— Você é um viciado em primeiro grau, cara! E os sites "pornô"? E os vídeos que você coleciona, no apartamento que alugou com uma só finalidade?

Os dois amigos entreolharam-se seriamente por um momento, durante apenas alguns segundos. Caíram numa gargalhada barulhenta, nervosa, enquanto se aproximavam do local onde comemorariam o sucesso de Aloísio. Não mais tocaram no assunto, pois avistaram um dos colegas, que se dirigia ao mesmo reduto de tantas noitadas e prazeres. Outros, além dele, já aguardavam Aloísio para a comemoração, a noite especial na qual se dispunham a ir muito além dos limites. Queriam e julgavam merecer algo ainda mais especial e intenso do que das vezes anteriores em que ali compareceram.

Já eram quase 5h da manhã e um grupo de pessoas ainda se reunia em torno de uma mesa em Jacarepaguá. Cervejas e palavrões à parte, pareciam bêbados, ou completamente alterados, mas, talvez, apenas aguardassem a hora da pequena padaria se abrir para comprarem alguma coisa e então irem para casa. Quem sabe? Era uma típica madrugada de sábado.

Numa rua próxima, à espreita, dois motoqueiros conversavam, parados, observando de um lado a outro a fim de se certificarem de que não havia testemunhas para o que pretendiam fazer.

— Eu vou na frente, mano! Tenho mais experiência do que tu neste tipo de trampo.

— Fico de olho nos caras de colarinho e assim que tu fizer o trabalho eu vou atrás. Gaivota e Corisco estão logo na outra esquina; vão seguir assim que eu der o sinal.

— Num vai me deixar na mão, mano, senão eu me ferro.

— Se preocupa, não, que eu nunca te deixei na mão, valeu? Se você se ferrar, eu me ferro, também; aliás, todos nós nos ferramos. Fica atento, Piau! Fica atento. Assim que você sair, eu vou atrás. Apronta a ferramenta.

Nesse momento, Aloísio se aproximava da padaria que ficava na esquina das duas ruas mais movimentadas da região, embora, àquela hora, estivessem calmas. Estava tonto, bêbado, mas ainda assim cogitava chegar em casa e acordar a mãe e os irmãos para compartilhar a notícia da tão sonhada promoção. Será que aguentaria fazer isso antes de dormir? Afinal, estava dopado, completamente drogado. Por ora, resolvera passar na padaria, comprar pães e um maço de cigarros. Decidiria o que fazer a caminho de casa.

A moto partiu com potência máxima, causando alarme e barulho enquanto o motoqueiro sacava da arma e começava a atirar. O rebuliço foi total. Pessoas de um bar vizinho começaram a gritar; homens que bebiam cerveja se atiraram ao chão com menos rapidez do que seria de se esperar, engatinhando em busca de abrigo, um tanto atordoados. Aloísio, que acabara de pagar os pães e os cigarros, saiu à rua exatamente na hora em que os tiros começaram.

De um lugar ignorado, um carro de polícia surgiu, a toda velocidade, derrapando e fazendo os pneus cantarem no asfalto. Os policiais começaram a atirar, também, na tentativa de acertar o motoqueiro, que não estava só. Atrás da viatura, duas outras motos se juntaram ao tumulto, tentando chamar a atenção dos policiais e distraí-los. Atiravam a esmo, pois a primeira dupla ainda não conseguira acertar o alvo. Uma turma fugia a pé, gritando; moças e rapazes que vinham de alguma balada qualquer também se puseram a correr e, assim, aumentavam o alvoroço, entre clamores de choro e desespero. Uma mulher desmaiou, porém, naquele momento, ninguém ali a socorreu.

Aloísio, severamente embriagado e com os sentidos afetados pelas drogas, não se deu conta do perigo. Apenas teve um movimento instintivo, seguindo a maioria. Pôs-se a correr, mas sem saber para onde. De tão tonto, não conseguiu distinguir sequer a direção de casa, que ficava a poucos metros dali. Em meio à confusão, uma bala perdida o atingiu, porém, ele nem percebeu. Vagou sem rumo... Não gritava como os demais e movia-se numa espécie de transe, sem compreender que algo lhe acontecera. Pensamentos mais ou menos coerentes lhe assomavam à mente, mesmo naquele estado alterado no qual se encontrava:

— Só faltava essa, agora! Em meio ao melhor momento da minha vida, eu, aqui, envolvido nesse tumulto. E se eu for atingido por uma bala?

Aloísio continuou correndo, divisando tudo de maneira muito alterada. A certa altura, notou que se distanciara do tumulto, mas se sentia tonto demais para se localizar após toda aquela confusão. Não se deu conta de que se aproximava de casa, isto é, da casa de sua mãe, onde vivia na companhia dela e dos irmãos. Atordoado e com os sentidos completamente distorcidos, julgou que aquilo tudo mais se parecia com um pesadelo e o atribuiu às drogas consumidas à noite. Aliás, habituara-se aos efeitos dos narcóticos a tal ponto que, no dia a dia, sempre associava a eles qualquer fator psicológico ou externo para o qual não tinha explicações imediatas.

Naquela manhã, ele ria de maneira desequilibrada, nervosa, apesar da situação dramática; ria sem motivo aparente, mas inspirado e estimulado pelas drogas.

— Estou doidão hoje!... — acentuou para si mesmo.

Ao entrar em casa, dirigiu-se diretamente para o quarto. Mal amanhecia e não queria acordar sua mãe, mas, também, em algum recanto do seu consciente, temia ser desmascarado perante a família. Ele adormeceu sem noção alguma do tempo. Nem de si mesmo.

De repente, ouviu sons estranhos. Gritou por socorro, como se todo o tormento vivido anteriormente, na hora do tiroteio, se repetisse. Agora, entretanto, tinha um pouco mais de consciência do que ocorria, apesar de estar em meio a um pesadelo. Imagens, sons, gritos, pessoas e silhuetas pareciam ser os personagens. Cenas e paisagens desfilavam em sua memória, como se ainda estivesse adormecido. Via-se numa mescla de situações, como se a paisagem se movesse ao seu redor; os personagens do pesadelo iam e vinham, aumentavam e diminuíam de tamanho, profundamente distorcidos, mas sem dúvida vivos, nítidos, perceptíveis.

— Estou maluco de vez — dizia para si mesmo, durante o sonho delirante. — Nunca vivi nada igual. Acho que abusei demais na noite passada.

Ouviu uma voz retrucando:

— Você não queria ir muito além? Não disse que excederia todas as outras vezes? Pois bem, aí está. Você conseguiu.

Aloísio se encontrava numa espécie de crise psicótica. Via imagens, vultos, pessoas. Percebia sons, odores e não conseguia se localizar no tempo e no espaço.

— Uma *overdose*, com certeza! — ouviu a própria voz ressoar em sua mente, mas, ao mesmo tempo, ao redor. Conversava consigo mesmo. Porém, havia mais alguém ali, que ele não era capaz de perceber claramente. De quem era aquela voz que lhe falara? Era fruto do pesadelo? E o pesadelo, era fruto das drogas?

— Não adianta, estou ferrado. Será que vou conseguir me lembrar de tudo isso depois? Será que haverá depois?

Definitivamente, Aloísio estava prisioneiro de sua mente em desalinho, em franco desequilíbrio. Sempre dissera que nunca haveria de sucumbir às drogas, que jamais perderia o controle e que era ele quem dominava as drogas, e não o contrário. Sentiu frio. Uma onda de arrepio perpassou todo o seu corpo naquele instante.

Subitamente, tudo se modificou. Via-se agora no ambiente do próprio escritório. Caiu na gargalhada, desesperado. Sempre tivera pavor de pesadelos.

— Eu, aqui? Como posso ter me transportado de um lugar para outro assim, de repente?

Diante de si, seres que nunca conhecera transitavam entre as mesas do escritório. Havia coisas bizarras. Via os colegas, todos ocupados, em seus gabinetes, em meio aos afazeres mil. Todos estavam ali, inclusive ele. Mas havia outra gente. Diversos vultos se inclinavam sobre cada um deles. Um barulho que não era humano lhe chamou a atenção. Era um vulto que escorregava pela parede à sua direita, descendo e se liquefazendo perante seus olhos. Um ser esquálido se debruçava sobre os ombros de alguém. Encarou Aloísio com os olhos macilentos, amarelados e emitiu um ruído, como se estivesse querendo falar alguma coisa. Balbuciou, em seguida:

— Veja, desgraçado! Veja em que se meteu! — e mostrava os dentes com algumas pontas, sujos, amarelecidos, como se marcados pelo hábito do tabaco.

Aloísio gritou sem ser ouvido por ninguém, a não ser por aqueles diabólicos seres e sombras que pareciam dominar a todos no ambiente a que estava acostumado. Por que não os vira ali antes? Será que os via somente agora devido ao efeito das drogas?

Ao lado de Igor, Aloísio observou algo ainda mais assustador. Um ser esquelético abraçava o amigo, como se o quisesse sugar. Igor parecia suar frio, sentir-se mal ante a presença inumana ao seu lado, porém, não o via nem o percebia. O ser estranho agarrava a garganta do colega de trabalho e, com a boca, parecia sorver algum vapor da cabeça do rapaz. Aloísio gritou de pavor.

— Estou enlouquecendo? Estou dopado? Doidão? Isso aqui não é o lugar onde eu trabalho. Nunca vi isso antes!

O pesadelo parecia haver sido talhado diretamente pela mente de algum produtor macabro de filmes de terror. Aloísio distinguia tudo perfeitamente, já não enxergava de modo distorcido. As imagens eram vívidas demais, reais, absolutamente nítidas. Foi por isso que disparou a gritar, a falar a esmo. Aloísio entrou numa espécie de transe, do qual parecia não mais querer ou conseguir acordar.

O cenário se modificou de repente. Agora encontrava-se no tribunal. Ao que parecia, entretanto, arrastara consigo um dos seres esquálidos do pesadelo anterior.

— Veja sua própria escuridão, queridinho da mamãe! — grasnava o ser estranho, a criatura das sombras que se assenhorara de seu pesadelo.

Aloísio sentia perder o controle da própria mente. Com absoluta convicção, pensou que estava prestes a enlouquecer.

Relutava em olhar para o lado para não se deparar com a estranha criatura, saída dos porões mais obscuros de sua memória, neste pesadelo interminável.

— Estou perdido! Com certeza, é uma *overdose*. Estou no delírio das drogas — sentia dificuldade em respirar e o suor parecia verter de todo o corpo.

Aloísio nunca antes vivera tamanho pesadelo, mesmo em seus maiores exageros com as bebidas e drogas variadas. Mas, agora, parecia haver ultrapassado todos os limites e a dose excessiva se refletia em sua mente de maneira diabólica.

Repentinamente, Aloísio viu-se em outro ambiente. Parecia que o efeito das substâncias consumidas o lançara num pesadelo sem fim e, além disso, tornara-o totalmente submisso a uma inteligência mais arguta, sagaz, a quem ele não conhecia. Percebia-se, agora, numa paisagem que diferia de tudo que vira até o momento. Em seu íntimo, acreditava, com sinceridade que estava louco e que fora vítima de uma *overdose*. Nem sequer atinava outra hipótese.

Um céu escuro, nublado e sombrio, era o que agora se afigurava diante de si. Montanhas altíssimas, escarpas e cumes cobertos por uma fuligem que parecia o produto de chaminés invisíveis ou, quem sabe, da fumaça de mil cachimbos que queimavam alguma droga desconhecida. O ar recendia a um cheiro horrível. Por todo lado, árvores enormes, talvez mais medonhas do que o próprio pesadelo e o medo que ele causava.

Aloísio delirava, embora mantivesse um lapso de consciência. Em meio ao cenário soturno, divisou sua cidade, o Rio de Janeiro, como que entremeada de árvores seculares e paisagens estranhas, imersa na neblina escura que a tudo abarcava. Era como se a cidade tivesse sido desmembrada em várias partes e cada uma jogada a esmo sobre aquelas montanhas, florestas negras e árvores milenares altíssimas. Nada fazia sentido. Afinal, que espécie de pesadelo vivia?! Um assombroso silêncio a tudo envolvia, como se toda a gente, todos os habitantes da cidade, houvessem desaparecido, de um momento para outro. Quem sabe, estivessem escondidos, de alguma forma.

AMARIL ERA UM ESPÍRITO daqueles mais vis, dotado, como poucos, de grande capacidade de iludir, de se imiscuir na mente de alguém. Com um trabalho associado ao desenvolvimento de drogas e à hipnose dos sentidos, atuava intimamente ligado a magos negros, realizando experiências com quem pudesse, futuramente, servir de marionetes a essas criaturas da noite. Sabia intrometer-se na mente de pessoas suscetíveis, mas tinha predileção por drogaditos em determinado estágio, pois estes eram particularmente transtornados e tinham a mente totalmente tomada pela imersão no mundo de ilusão característico das drogas. Foi assim que se imiscuíra na mente de Aloísio há tempos e, desde então, o conduzia, a seu bel-prazer, a novos devaneios.

O ser esquálido observava as cenas que se sucediam na mente de Aloísio e alimentava o horror que envolvia o rapaz por todos os lados. Em virtude do consumo regular de drogas pesadas, Aloísio abrira uma enorme fenda em sua estrutura etérica, dando vazão aos piores inimigos internos e deixando suas defesas e sua imunidade energética, altamente comprometidas. Quem acompanhava Aloísio nas noitadas sequer sonhava que algo do gênero ocorresse ou, ao menos, fosse possível; não imaginava que as atitudes irrefletidas abriam as portas de uma outra realidade.

Cercada do silêncio da noite, a cidade dormia; o povo dormia, mas não o sono fisiológico, e sim o sono espiritual. Diversos outros horrores aconteciam ao mesmo tempo, como se fossem mundos dentro daquele mundo, daquela cidade. Muita gente — como Aloísio, até então —, mergulhada nos afazeres cotidianos, em atitudes desrespeitosas com a vida, com o próximo e consigo mesmo, não imaginava que era observada e que, não raro, um horror insuspeito a sondava por todos os lados; que seres, silhuetas, sombras soturnas a espreitavam, em conformidade com a maneira de cada um conduzir a vida, com as atitudes maléficas e mazelas que teimavam em não reconhecer. Muitas vezes, uma tempestade iminente engolfava as pessoas sem que ao menos suspeitassem de que elas próprias eram as autoras de tamanha desdita, caracterizada por processos atrozes de obsessão, nos mais variados graus.

— Depressa, escondam-se! — vociferou Amaril, a entidade diabólica, para seus seguidores, espíritos inescrupulosos que observavam sorrateiros outros seres humanos, fora do corpo, que transitavam por aquela esfera de pesadelos.

— Quando este miserável acordará para a sua realidade? — perguntou um dos espíritos mais vis entre a turba de obsessores.

— Acordar? — gargalhou, sem piedade, a infame e infeliz criatura que se agarrara a Aloísio, acentuando seu estado de embriaguez total dos sentidos. — Para mim, não importa se ele sairá ou não desse estado. Quando não nos servir mais, o deixaremos. É só uma marionete em nossas mãos. Ele já é infeliz por si só e não precisa de nós para acentuar sua infelicidade. Vejam que mente perturbada... Ele cria o próprio inferno.

— E você o ajuda nessa infelicidade e nesse inferno particular — gargalhou outro ser famigerado das sombras.

— Não preciso fazer esforço quanto a este infeliz. Minha presença apenas acentua o inferno criado por ele — e juntos zombaram de Aloísio, ocasionando novo incremento na intensidade das imagens que o perturbavam.

Somente Aloísio podia ver e perceber os poderes malignos que o cercavam, embora não soubesse as verdadeiras implicações daquela realidade. Os espíritos podiam interagir com ele, agravar o quadro infeliz em que se encontrava, contudo, não eram capazes de projetá-lo naquele estado, tampouco de o reter assim. Acentuavam as imagens, davam mais colorido à paisagem mental — tudo apenas com sua presença —, mas era Aloísio quem forjava o próprio calvário.

— Demônios! Uma nuvem de demônios! — gritava Aloísio, desesperado, ao perceber as figuras sombrias que se arrastavam em seu entorno.

Uma nuvem de espíritos, mais zombeteiros, covardes e desordeiros do que verdadeiros obsessores, enxameava e rodopiava como um redemoinho ao lado do rapaz, que se sentia ameaçado como se estivesse no próprio inferno.

— Será que a *overdose* está produzindo tudo isso? O que vejo é pesadelo ou realidade? — já não sabia distinguir o que era real do que era fruto de suposta loucura.

Tão escura quanto fuligem, a aura dos espíritos zombadores enredava Aloísio, já à beira de um ataque, tamanha a angústia por permanecer naquela situação, sem vislumbrar saída.

No entanto, vários fatores concorriam para que o quadro perdurasse. A droga ainda agia sobre ele como um potente veículo de desordem mental, apesar do prazer que julgava sentir como usuário contumaz. Os locais onde gostava de se entreter eram templos a serviço dos sentidos, onde os prazeres do sexo eram cultuados e cultivados da maneira mais desregrada e desenfreada possível, funcionando como posto avançado de entidades sombrias, tão desajustadas quanto aqueles que adentravam o ambiente na esfera física. As drogas, a exaltação dos sentidos e o abuso das forças sexuais se transformaram numa espécie de eixo de um mal que parecia ganhar cada vez mais espaço e se tornar comum entre os seres humanos. A turba de espíritos que estabelecia sintonia com os comportamentos abusivos e despudorados de quem mantinha contato, mais ou menos intenso, com tais ambientes era composta por seres fuliginosos, turbulentos, os quais se deleitavam em compartilhar as sandices dos miseráveis que, inescrupulosamente, entregavam-se ao império dos sentidos.

Novamente, Aloísio se viu ante o tribunal, defendendo a causa de bandidos, de pessoas que manipulavam a opinião pública. Revia a própria história. Como espectador e, ao mesmo tempo, como ator, sentia vergonha do que fizera e do quanto se vendera em troca de fama, prestígio e poder. Não sabia o que estava acontecendo consigo.

De repente, um espírito miserável, um zombador, um mensageiro da agonia, aproximou-se do jovem perturbado, em meio à sua sombra, que emergia da própria memória. Aloísio gritou loucamente, sentindo a dor pungente da culpa e do remorso atingir proporções incríveis, como nunca experimentara. Era um ataque emocional, sem precedentes no histórico do rapaz, que nada podia ou sabia fazer para livrar-se do pesadelo.

Um grito assustador, um berro alucinante, acompanhado de tremedeira e calafrio pareceram congelar o corpo de Aloísio. Ele encolheu-se todo, agitadíssimo, batendo o queixo, horrorizado. Os espíritos zombadores, maldosos, envolviam-no cada vez mais e, à medida que o faziam, por puro capricho, apenas para ver suas reações, deleitavam-se com o medo que externava, o mesmo medo que aumentava, expandia-se e tomava conta de todo o seu ser.

Aloísio lembrou-se de sua mãe, em meio à loucura que vivia — e era uma verdadeira loucura, potencializada pela culpa e pelo remorso. Tão logo viu a imagem da mãe nas telas da memória, desejou ser acordado por ela. Desejou ardentemente que sua mãe ouvisse seus gritos e clamores por socorro e fosse até seu quarto acordá-lo; desejou com todas as forças da sua alma. A figura da mãe então ganhou corpo e cresceu no pensamento dele. Em instantes, tudo pareceu se acalmar, subitamente. Aquele momento suave em meio ao delirante pesadelo foi recebido como um bálsamo. Acordou suado, com taquicardia, ofegante. Teria terminado o pesadelo terrível? Sentia-se ensopado de suor.

— Mãe, mãe! — imediatamente foi à procura da mãe e da irmã, dirigindo-se até a sala, de onde partiam vozes de pessoas conversando. Levantou-se, ainda dando mostras de embriaguez, porém, já tendo recobrado o raciocínio.

— Graças a Deus, mãe! Graças a Deus você está aqui...

Foi ignorado pela mãe e pela irmã, que abraçava a genitora, por sua vez, em prantos.

— Mãe, mãe! O que houve, mãe? — Aloísio tentava chamar a atenção da irmã e da mãe, que parecia inconsolável. Porém, sentiu vontade de vomitar e teve que correr até o banheiro da casa. Vomitou bastante e passou a sentir-se um pouco mais leve, muito embora, fraco. O vômito, notou, era escuro, quase preto. Voltou para junto da mãe e da irmã e, por alguma razão, lembrou-se da noiva, de relance, mas sua atenção concentrou-se na mãe, que chorava e soluçava nos braços da irmã, Liz.

— Que houve, Liz? Que aconteceu para mamãe estar assim, tão triste? — indagou meio rouco, esperando a resposta da irmã, que não veio. As duas decidiram deixar o ambiente e dirigirem-se até o quarto.

— Mãe, não fique assim. Você sabe que o Aloísio era um filho muito bom. Ele deve estar bem agora, mãe.

— Que saudade do meu filho! Que saudade do meu Aloísio... Era o melhor filho que eu tinha.

— Você tem a mim e ao Fernando, mãe. Por que ficar assim, chorando por quem já se foi?

Aloísio presenciava toda a cena sem entender nada do que acontecia.

— Mãe, estou aqui! Eu, o Aloísio, mãe... Pare de chorar: eu voltei! Olha, mãe — tentava abraçá-la —, tenho uma novidade para contar, a você e à Liz. Cadê o Fernando? Onde ele está? Chame-o, Liz, que ficarei aqui com mamãe e vou contar para todos juntos a novidade.

Ambas o ignoravam. Ambas não o viam. Mas Aloísio não conseguia entender o que se passava. Temeu a realidade, pois, no íntimo, parecia saber o que acontecera, embora se recusasse a admitir conscientemente tal possibilidade. Pôs-se a chorar, a chamar a mãe e a irmã. Mas nada; nenhuma das duas o escutavam ou, então, ignoravam-no.

— Estou aqui, mãe! Pare de chorar, pelo amor de Deus! Estou aqui, seu filho, ao seu lado. Olhe pra mim, mãe, pelo amor de Deus... — Aloísio agora chorava copiosamente, pois não conseguia chamar atenção de sua mãe nem de Liz, a irmã de quem tanto gostava. Ele suspeitava que algo estava errado, mas não queria nem ao menos cogitar ou dar prosseguimento ao fluxo de pensamento que ameaçava se impor na mente consciente.

— Mãe, sou eu, Aloísio, mãe! Por favor... — gritava, soluçando. — Olhe para mim, por favor, mamãe! — e gritava, chorava, soluçava como nunca o fizera.

— Meu filho! — sua mãe também chorava copiosa e, agora, descontroladamente. — Meu filho querido, por que me abandonou desta maneira? Era tão novo...

— Mãe, mãe! Eu não te abandonei, mãe! — soluçava

Aloísio, ao lado das duas — Estou aqui, estou vivo, mamãe. Olhe para mim! — e tentava sacudir o braço da mãe, chamando-lhe a atenção.

A mãe de Aloísio começou a sentir-se mal. Repentinamente, uma forte dor no peito a acometeu, acompanhada de falta de ar, respiração ofegante e difícil.

— Calma, mãe, calma! Vamos ao médico. Vê como você fica só de pensar no Aloísio? Você tem de se controlar — disse Liz, já quase em desespero, pois não sabia mais o que fazer para amenizar a situação.

Por sua vez, Aloísio alternava gritos e expressões de profundo desamparo. Agachou-se num canto da sala e falava consigo mesmo, em meio à dor no peito, às lágrimas e aos soluços:

— Que aconteceu, meu Deus? Que está acontecendo comigo? Me tire desse pesadelo! Foi a droga, só pode ter sido a droga. Aposto que aquela pedra de *crack* que experimentei foi a culpada. Agora não consigo acordar desse pesadelo — chorava copiosamente, desolado, escondendo o rosto com as mãos.

Depois de algum tempo, não saberia dizer quanto, notou que o pranto da mãe diminuía, até não ouvi-lo mais. Ao se dar conta disso e olhar ao redor, percebeu que não estava mais na sala de casa.

— Meu Deus, outra vez. O que está acontecendo comigo? Onde estou?

Sentiu-se tonto ao extremo. Quase caiu, perdendo o equilíbrio, assim que se levantou. Resolveu voltar ao ambiente de trabalho, tão logo se recompôs.

— Vou procurar Igor; ele é meu amigo e com certeza me ajudará — pensou, embora não conseguisse encontrar o caminho do escritório. Estava em algum lugar... mas onde? Viu-se em meio à rua, uma avenida imensa, toda iluminada, com prédios altíssimos. Carros cruzavam velozes, de um lado a outro.

— Meu Deus, que noite! Que comemoração eu fui inventar! Ainda não consegui sair do efeito do *crack*... Estou doidão, mesmo.

Aloísio respirou fundo e piscou demoradamente e isso foi o bastante para se ver, novamente, em outro lugar. Constatou se tratar do mesmo local onde estivera na noite anterior, comemorando com os amigos. Porém, tudo estava largamente modificado. Nada era tão bonito e bem decorado como lhe parecera até então; sem mencionar um barulho constante que o irritava. Definitivamente, mergulhara num processo de alucinação; só isso poderia explicar o que ocorria consigo.

— E aí, Aloísio? Resolveu voltar para nós? Aqui é o seu lugar e você é nosso... — surpreendeu-o uma desconhecida de aparência vulgar que circulava por ali.

Mulheres iam e vinham, de um cômodo a outro. Havia muita gente, muitos clientes, muitos casais entregues à volúpia que reinava no local. Uma mulher diferente das demais o viu e logo o reconheceu.

— Voltou, hein, amigão? Não resistiu ficar muito tempo longe de nós? Agora você poderá permanecer aqui pelo tempo que quiser. Você é patrimônio deste local! — falou a mulher, como se o conhecesse de longa data. No entanto, ele não se lembrava de tê-la visto antes. Não houve tempo para forçar a memória: a mulher o agarrou e o abraçou voluptuosamente. Enquanto Aloísio tentava se desvencilhar dos braços da mulher, reparou que o lugar era envolvido por uma luminosidade estranha.

— Me solte! Quero ir para casa...

— Sua casa é aqui e nós somos sua família! Vem aqui comigo, vem?...

— Me deixa, mulher louca! — gritou, repelindo a mulher, que não interpretou bem a situação. Ela afastou-se, porém, sem perdê-lo de vista.

Aloísio observou tudo ao redor e notou coisas estranhas por ali, coisas que antes não percebera e, tinha certeza, seu amigo Igor, também não. Havia insetos pelas paredes, alguns pelo chão; eram especialmente repugnantes e lhe pareceram um pouco maiores que os insetos convencionais. Só depois de muito tempo, foi que sua mente, prisioneira de imagens e recordações, conseguiu libertar-se dali e ele pôde abandonar o ambiente.

— Será que as drogas promovem um deslocamento da mente e do corpo? — considerou ele, que não dispunha de conhecimento nem interesse suficientes para aprofundar-se na reflexão.

Em seguida, a tontura agravou-se e ele viu-se na casa da mãe, novamente. Logo após, as cenas se modificaram. Tudo lhe parecia sem controle; ora estava aqui, ora ali. Vagava em meio a imagens, sons, paisagens, cenas e sensações desagradáveis. Por algum mecanismo que lhe era ignoto, seu pesadelo levou-o à cidade para onde seria transferido, ao receber a promoção na empresa.

Estava agora em outro estado. Encontrava-se na Avenida Paulista, em pleno coração financeiro da maior cidade do país. Não fazia ideia de como fora parar ali. Ao constatar tal fato, reforçou sua convicção de que permanecia sob o efeito das drogas e de que tudo quanto experimentava devia ser atribuído a elas. Sempre ficava, em alguma medida, alterado após consumir determinadas drogas, mas agora era demais.

— Graaaaaaa!...

Um grito, um bramido, um som mais parecido com uma ave de rapina se fez ouvir em sua mente. Era um espiritozinho que se espichava todo enquanto observava Aloísio perdido na esquina da Avenida Paulista com a Brigadeiro, como os paulistanos conhecem a Avenida Brigadeiro Luís Antônio. Aloísio arrepiou-se todo, mais uma vez:

— O pesadelo, novamente. Tudo vai recomeçar... não sei mais o que fazer.

Saiu correndo, em meio ao povo que se movia entre tribos e grupos que disputavam espaço na grande avenida, em plena madrugada. Aloísio procurava socorro, segurança e sossego, mas não conseguia encontrar.

2
AFINIDADES

O LOCAL ONDE TRABALHAVA Erasmino era uma repartição pública, um órgão do governo, um lugar típico onde havia muita gente trabalhando, porém, pouca produção real. Por ali, muitas pessoas apenas transitavam de um lado a outro, sem se envolver com o que faziam. Mas havia aqueles que realmente trabalhavam, que carregavam o órgão sob seus ombros. As instalações eram relativamente grandes, com um toque de originalidade, devido ao esforço de alguns, que tentavam deixar o lugar um pouco mais organizado e com aspecto um pouco melhor do que outras repartições.

Aquele setor era, de certa maneira, o retrato da discrepância que reinava na repartição, onde algumas pessoas se dedicavam a produzir com o máximo rendimento enquanto outras apenas usufruíam do trabalho das demais, passando o tempo entre fofocas, notícias de jornais, programas de TV e outras coisas mais, que inventavam para disfarçar sua preguiça e falta de compromisso com o que faziam.

A repartição estava situada num prédio antigo, próxima à Rua da Consolação, na região central da cidade de São Paulo. No térreo, havia uma porta de aço que, assim que era aberta, criava a impressão de ser uma vitrine antiga, que fora abandonada sem que ninguém se preocupasse com os objetos ali deixados. Mas era só impressão, pois o lugar todo era ocupado com divisões de um departamento estatal. Logo na entrada, as marcas de muitos pés que iam e vinham todos os dias revelavam que a limpeza do lugar não era vista como prioridade. Pelo menos, não naquele andar, no nível da rua.

A sala onde trabalhava Erasmino era um cômodo excessivamente amplo, onde existiam, na época, seis mesas ocupadas com aparatos monstruosos, que lembravam computadores, mas que também poderiam ser tidos como velhas máquinas de escrever, mais extravagantes, com alguns equipamentos a elas conectados. Telefones sobre as escrivaninhas e, ao longe, numa sala contígua, uma cafeteira que recendia sempre a café velho. Além, é claro, dos papéis. Um sem-número de papéis se empilhava sobre cada mesa e deixava as pessoas cada dia mais enlouquecidas, pois o volume de trabalho a realizar parecia aumentar sempre, sem nenhuma perspectiva de diminuir e, em muitos casos, com questões cuja solução não se vislumbrava. Para piorar a situação do lugar, toda vez que alguém adentrava aquela ala quase popular, pois a quantidade de gente que transitava de um lado a outro não era pequena, um dispositivo era acionado, disparando uma campainha que infernizava a vida de todos.

Ao fundo, Erasmino trabalhava, sempre ansioso para terminar sua parte e tentar, de alguma maneira, achar tempo para respirar com mais tranquilidade e ter algum descanso durante o horário de trabalho. Mas isso nunca acontecia. Pelo que se via todos os dias, uma grande quantidade de processos a serem analisados e uma enorme demanda do serviço público empilhada, não havia tempo para ninguém respirar mais aliviado, a não ser a turma que enrolava sempre e encontrava tempo para as fofocas de todo dia e para os comentários sobre a novela da noite anterior. Essa, sim, a melhor e mais interessante notícia que tomava conta de toda a manhã de certas pessoas. A equipe de profissionais dedicados sempre se via envolvida com mil e um afazeres, pois acabava por ter de preencher a lacuna deixada por aqueles que nada faziam. Foi nesse clima que Erasmino foi chamado pelo chefe para uma conversa particular.

— Lá vem bomba, novamente! — pensou Erasmino, ao se dirigir até a sala do chefe, o qual se escondia atrás de uma escrivaninha a portas fechadas, naquele mesmo andar. Passando por um corredor desproporcionalmente largo, considerando o espaço estreito entre as mesas, ele já partiu chateado e sem paciência rumo à sala do supervisor. Havia muitos relatórios a fazer e algum trabalho urgente que precisava despachar ainda naquela tarde. Pelo caminho, encontrou Elaine carregando pilhas e pilhas de papéis, rascunhos e pastas que pareciam prestes a cair a qualquer momento.

— Quer ajuda, Elaine? — perguntou, já se prontificando para pegar uma parte dos papéis que pareciam sufocar a colega.

— Não precisa, Eron — ela o tratava com certa proximidade. — Eu dou conta da papelada.

Ele prosseguiu pelo corredor, abrindo caminho para ela e para toda a carga de papéis que estava acostumada a carregar, enquanto outros três funcionários riam sem fazer nada, apenas cuidando para que o supervisor não descobrisse que estavam enrolando o tempo. Até chegar à sala do chefe daquela seção, Erasmino também cruzou com Elias e Amintas, que conversavam, cada um com um copo de café na mão, como se estivessem de férias.

— Se prepare, rapaz, pois hoje o chefe está com mania de trabalho. Muito mal-humorado — Amintas comentou com Erasmino. Ele mal deu atenção aos dois, que estavam envolvidos numa experiência das mais importantes de suas vidas: falar mal da secretária do chefe imediato.

Erasmino entrou na sala do supervisor e este estava com uma expressão grave no rosto. Ele já se preparou para alguma bomba, pronta para estourar em suas mãos.

— Entre e feche a porta, Erasmino — falou em tom grave o chefe da seção.

O subordinado obedeceu, já esperando receber a notícia de que aumentariam a carga de trabalho da equipe, o que, de alguma forma, significaria que a maior parte da responsabilidade acabaria parando nas mãos de Erasmino. Como sempre.

Assim que ele fechou a porta, o chefe imediatamente mudou o semblante e até se permitiu uma brincadeira, suavizando a reunião. Logo após, mais relaxado, Erasmino ouviu a sentença:

— Vamos mudá-lo de departamento. Tenho um documento aqui para você assinar, pois você foi promovido!

— Promovido? Mudar de departamento? — Erasmino nem acreditava. Jamais esperara por uma notícia assim.

— Isso mesmo, rapaz — falou o supervisor, em tom mais sério. — A partir da próxima semana, você será o supervisor de outro departamento. Tenho observado você nos últimos meses. No prédio da Av. Paulista, onde funciona o departamento jurídico, estão precisando de alguém comprometido, uma pessoa dedicada e que se envolva mais com a equipe — disse o supervisor, ao levantar-se e abrir a persiana a fim de enxergar a sala onde estavam os demais funcionários. — Veja ali, por exemplo. Amintas e Elias. Passam horas conversando diariamente, pela manhã e à tarde; pensam que não os percebo. Ficam escondidos naquele canto da sala e não sabem que daqui eu os vejo. Não há como confiar em pessoas assim. Principalmente para um trabalho como este para o qual você está sendo chamado. E as moças ali, então? — indagou, apontando-as. — Martha e Íris passam o tempo inteiro mexendo em papéis para disfarçar o tempo que gastam conversando. Acreditam enganar a equipe... Sei que você percebe isso tudo, mas nunca comentou comigo nem fica se queixando com ninguém.

— Não há tempo para comentar, pois temos uma demanda enorme de trabalho, desafios cada dia mais sérios...

— Por isso mesmo, você foi indicado para a função que o aguarda.

Foi um longo tempo de conversa até que o supervisor deixasse-o a par do que o esperava na nova função. Passaram-se mais de 60 minutos até que Erasmino voltasse para a própria mesa, com um sorriso pouco disfarçado no rosto. Os colegas logo perceberam que havia acontecido algo diferente com o colega.

— E aí, Eron? — perguntou Elaine visivelmente interessada em seu amigo e no que ocorrera durante a reunião. Porém, teve de se contentar apenas com uma piscada de olho, pois o amigo continuou seu caminho até a escrivaninha para terminar o trabalho atrasado.

— Aposto como você se ferrou, colega — comentou Elias, enquanto se sentava à mesa ao lado de Erasmino. — Aquele cara dá uma de chefe, mas só fica maquinando coisas para ferrar a gente. Tudo nele é pose...

Erasmino fez um gesto com a mão, levantando o polegar como quem concordasse, mas não perdeu tempo argumentando. Somente Elaine percebeu que o colega estava mais alegre e tentava disfarçar alguma coisa ao entregar-se ao trabalho.

Naquela tarde, Erasmino trabalhou com ainda mais afinco, deixando os colegas curiosos e envolvidos em especulações, as mais escabrosas, tentando adivinhar o conteúdo da conversa entre ele e o supervisor. Só na hora do café da tarde, quando aqueles colegas que trabalhavam mais do que os outros tiravam um momento para se levantar e relaxar um pouco, foi que Erasmino parou, pegou o telefone e chamou Evandro:

— Cara, não vou nem te contar o que aconteceu. Hoje temos de comemorar. Nosso fim de semana será de arrebentar!

— Conta, vai! Não me deixe assim na expectativa. Ganhou na loteria, por acaso?

— Melhor do que isso! — falou Erasmino, mais baixo, disfarçando a alegria da notícia sobre a promoção. — Fui promovido! Promovido!

— Promovido a qual cargo? Como assim? Me conta

tudo, Erasmino. Que coisa fantástica!

— Pare de me chamar de Erasmino, pelo amor de Deus! Vou mudar de nome — detestava o próprio nome, herdado do avô. — Vamos nos encontrar depois do expediente para uma cerveja e, depois, uma noitada. Vamos à farra pesada hoje à noite. Eu pago tudo — e desligou, após combinar o lugar de encontro com Evandro, amigo de longa data.

Depois do expediente, conforme acertado, Erasmino encontrou-se com Evandro e mais dois colegas de farra. Foram para um boteco, um misto de restaurante e bar, logo ali, na Av. Paulista. Àquela hora, o local já regurgitava de gente que saía do trabalho e se juntava para o *happy hour*.

Evandro era um rapaz corpulento, sério, à primeira vista parecia mal-humorado, mesmo. Entretanto, na companhia de Erasmino, ele relaxava e conseguia estampar certa expressão de descontração em seu rosto, ainda que um ar de seriedade perpassasse seu semblante vez ou outra. Embora essa característica o afastasse das meninas, ele descobrira um jeito de conseguir as mais belas garotas. Além dele mesmo, somente Erasmino e os outros dois colegas que sairiam com eles essa noite conheciam seu segredo. Naquele fim de tarde, porém, Evandro e os amigos estavam ansiosos pelas novidades de Erasmino; nada de garotas, pelo menos por ora.

— Então, conte-nos as novidades, cara! — principiou Evandro, louco de curiosidade. — Você foi promovido?!

Erasmino mirou brevemente, primeiro, a multidão que transitava inquieta pelas calçadas largas, depois o congestionamento de ônibus e automóveis, e só, então, respondeu:

— Veja que loucura! E eu que pensei que o chefe fosse me ferrar com mais e mais trabalho!

Olhando de novo, pensativo, continuou o comentário:

— Não só fui promovido como vou mudar de setor. Finalmente, vou sair daquele burburinho e ganhar uma sala só para mim. Finalmente.

— Então vai sair daquele ninho de loucos? — perguntou outro amigo.

— Vou passar por um período de treinamento, mas na semana que vem já estarei no novo cargo e em lugar diferente. Vou deixar para contar à turma do serviço no último dia antes da mudança.

— Cara, você simplesmente estourou. Demorou, até!

— E agora? Qual será o plano de vida? O que fará a partir daqui?

— Plano de vida? Está ficando louco? Vamos comemorar, primeiro. Depois, será a hora de pensar em planos, em coisas sérias. Hoje vamos à noitada. Não tem como adiar mais.

— Àquele inferninho? Não sei se hoje tem!

— Sempre tem, meu caro! Sempre tem. Basta um telefonema para descobrirmos. A festa está de pé toda semana; nós é que somos pés de chinelo e quase não temos grana para pagar. Mas hoje temos motivo para comemorar.

— E hoje eu pago para todos! — falou Erasmino aos amigos. — Hoje eu tiro o dinheiro da poupança e pago para vocês. Afinal…

— Cara, você já está mudado. Pagar para nós? Uma transa paga? Não perco por nada!

— Uma transa, não; uma noite de prazeres, uma noite de festa sem fim… — comentou Erasmino. — Amanhã, irei para casa falar com a D. Niquita. Ela vai adorar a notícia.

— Eu me encarrego do bagulho — falou Natan.

— Eu passo fora — disse Evandro, que escondia dos amigos, à exceção de Eron, que consumia drogas. Era o papel que representava.

— Poxa, cara, você sempre careta? Nunca vai se enturmar?

— Ele é religioso, Natan. Nunca irá experimentar bagulho. Nunca cheirou brilho, nunca experimentou marola nem gripe boliviana — comentou Renan, de maneira discreta, já que estavam em meio a muita gente ali, na esquina da Av. Paulista com a Alameda Casa Branca.

— Gente, vamos nos divertir, mas cada um à sua maneira. Não vamos incomodar Evandro; ele tem seu jeito e suas regras. Foi assim que combinamos, lembram? O que importa é que ele está junto conosco em tudo o mais — interferiu Erasmino, sem interromper a diversão, compactuando com o segredo do amigo.

Todos ficaram um pouco quietos, num silêncio não programado, mas entenderam as regras da diversão: ninguém era obrigado a fazer o que não queria. Evandro era espiritualista e se envergonhava de confessar que era usuário de drogas, embora participasse regularmente de todo aquele contexto com os amigos. Tanto que coube a ele se levantar e se dirigir ao telefone público mais próximo a fim de descobrir o lugar da festa naquela noite. Era o rodízio da informação, como chamavam, entre si, a responsabilidade de saber onde e quando se daria a próxima festinha.

Enquanto isso, os demais tomavam sua cerveja. Natan logo se levantou, não sem antes tomar alguns goles, e também foi telefonar, em busca do fornecedor das drogas que pretendiam consumir naquela noite. Afinal, comemorar o início de uma nova fase importante na vida do amigo era o pretexto perfeito, segundo entendiam.

— Gente, o local da festa só será divulgado às 23h30. Ou seja, uma hora antes da batalha — comentou Evandro com os amigos. — Enquanto isso, vamos para outro lugar. Aqui está tumultuado demais.

— Tenho de ligar para minha mãe — disse Erasmino, de repente.

— O filhinho da mamãe! O filhinho da mamãe... Coitadinha da mamãe! — implicou um dos amigos.

— Gente, vocês sabem muito bem que Erasmino ainda

mora com a D. Niquita. Ele tem de deixar a velha tranquila. Ela merece saber, pelo menos, que o filho não voltará para casa hoje — interferiu Evandro, que era mais próximo de Erasmino, enquanto este saía, por sua vez, em direção aos telefones públicos.

— Também tenho de ligar lá para casa — falou o único que ainda não havia ido telefonar, deixando de lado a brincadeira. — Afinal, hoje promete. Não voltarei antes das cinco ou seis da manhã.

— Vamos nos encontrar, daqui a pouco, na "praia" — nome que os amigos davam ao local de encontro, um bar com melhor estrutura, sem mesas na calçada, onde também costumavam se reunir após o trabalho.

A poucos passos dali, num orelhão, Erasmino conversava com D. Niquita:

— Cuidado, meu filho! — recomendou ela, sempre preocupada com ele. — Não é nada demais, não, mas você sabe como é sua mãe...

— O que é, mamãe? Fala logo... Meus amigos estão me aguardando.

— É que estou com um pressentimento, meu filho.

— Lá vem você com esses pressentimentos, mãe. O que é, agora?

A ligação estava ruim e Erasmino não escutou direito o que a mãe tinha a dizer. O ruído de fundo do orelhão era alto demais.

— Deixa pra lá, meu filho! Deixa pra lá! Sua mãe irá rezar por você e por toda a família.

— Tá bom, mãe. Amanhã a gente se fala, então.

Após Erasmino conversar com a mãe, prometendo uma grande novidade no dia seguinte, Evandro e ele seguiram para o local onde se encontrariam com os outros colegas, um pouco mais tarde.

Logo que chegaram, avistaram algumas pessoas que se reuniam do lado de fora. Adentraram o ambiente, que era mais acolhedor que o do boteco da Av. Paulista. A cerveja era o item predileto, sempre acompanhada de petiscos variados. Acomodaram-se, pois ali passariam as próximas horas, antes de se lançarem à noitada, e se puseram a aguardar os amigos. Iniciava-se, oficialmente, a comemoração de Erasmino. O local era perfeito para começar a noite. Enquanto os amigos não chegavam, Erasmino pediu a Evandro:

— Queria que, ao menos quando estivéssemos com as meninas, você não me chamasse mais de Erasmino...

— Por quê? O que tem de errado com seu nome?

— Meu Deus, Evandro! Será que você não percebe que meu nome é uma aberração?

— Você é uma aberração, meu amigo. Seu nome, não! — brincou.

— De verdade, cara, você bem que podia ajudar. Que tal me chamar de Eron?

— Eron? De onde saiu isso?

— É um nome de procedência egípcia — falou Erasmino todo empertigado.

— Egípcia? Será que o Egito fica logo ali, na Zona Leste?

— Ah! Deixa disso, Evandro. Meu nome foi um "presente" do meu pai. Ele queria homenagear meu avô e me colocou este nome horrível. Lá no serviço, uma amiga me chama de Eron. Quero que, a partir de agora, você me chame assim também.

Sem entender o motivo do amigo, Evandro concordou e

passou a chamá-lo de Eron. Era a combinação.

— Tudo bem, mas eu realmente acho que a cerveja já lhe subiu à cabeça...

Deram gostosas gargalhadas, enquanto miravam as garotas que povoavam o local.

Certo tempo depois, Evandro se levantou e foi novamente telefonar. Estava ansioso para saber o local da festa. Era costume se reunirem para participar de grupos de sexo, bebidas e drogas, mas o local do evento só era anunciado poucas horas antes que começasse. E o lugar nunca se repetia. Era assim e pronto; ninguém questionava.

Em alguns minutos, Evandro voltou com um papel escrito. Era o endereço de onde se reuniriam mais tarde. Enquanto isso, Renan e Natan chegaram à "praia".

Bem mais tarde, após várias paqueras, os quatro amigos saíram rindo à solta, falando alto, brincando com um e outro na rua. Estavam já alterados, alguns por causa da mistura entre tipos diferentes de bebida, mas Erasmino e Evandro, em razão de terem se excedido, mesmo. A cerveja lhes subira rapidamente; contudo, era somente o começo da noite.

A música era alta, estridente e inquietante. Talvez, essa impressão fosse o resultado das bebidas consumidas antes de chegarem ao ambiente misterioso. Talvez, não. De qualquer jeito, jogaram-se a dançar enquanto uns consumiam algumas drogas consideradas comuns entre os presentes. Evandro alertou Eron:

— Cuidado, amigo! Sua mãe te espera em casa pela manhã. Não se exceda na bebida nem nas drogas. Além do mais, você sabe o que ocorre com quem se torna usuário contumaz de drogas...

— Já vem você com essa chatice de papo espiritual, novamente, Evandro.

— Não tem nada a ver com isso, Eron.

— Ah! Vai... Entra na farra, aproveita a mulherada e cai na folia, cara. Descontraia!

Evandro se calou, para não mais falar no assunto com Eron. Logo esqueceu de tudo e entrou na festa. Logo, logo, todos estavam seminus. A partir de então, aconteceu de tudo. Afinal, tinham de aproveitar a juventude. Que importava se os outros pensavam diferente? Que importava o que poderiam falar? Estavam, apenas, comemorando a nova etapa de trabalho de Eron; nada mais natural.

Um barulho imperceptível, semelhante a asas de morcego se desenrolando, ecoou no meio da sala onde todos estavam. Porém, as pessoas ali, com os sentidos embriagados e, muitas delas, transtornadas devido ao uso de drogas, não conseguiam perceber nada além da fina membrana psíquica que separa as dimensões. De todo modo, elas não detinham habilidades suficientemente desenvolvidas para esse tipo de percepção. A não ser Evandro, que, naquele momento, porém, tinha outros interesses.

O barulho era causado por seres exóticos que acorriam até ali, observando e interagindo com os homens e mulheres que se dedicavam à disputa de corpos e copos. Eles subiam da escuridão para participar da orgia. De catacumbas antigas e resíduos pútridos de cemitério, traziam seus fluidos abjetos, que se misturavam ao desvario e ao suor que minava de todos ali. Ninguém percebia a orgia dos seres, pensamentos e fluidos que se misturavam às imagens mentais, às emoções e aos desejos em ebulição dos que julgavam aproveitar a vida.

Nesse lúgubre mundo invisível, nessa dimensão terra a terra, inferior, a atmosfera era opressiva. Respirava-se com dificuldade. Do teto, das paredes, dos cantos, dos móveis, de tudo, enfim, pendiam e rastejavam formas que se assemelhavam a serpentes ondulantes, placas impregnadas de matéria fétida, que ora ameaçavam cair das paredes, ora eram pisadas pelos indivíduos, lembrando as noites de tempos remotos na Roma antiga. A luz bruxuleante fazia com que as cores se misturassem, como instrumentos empregados pelos seres que para ali se sentiam atraídos, a fim de acentuar os sentidos, as sensações, as impressões de gozo e prazer, tornando tudo hipnótico. Os seres das trevas assim preferiam o ambiente, mais de acordo com a sua natureza sombria, plúmbea, de escasso brilho, que escondia corpos e intenções, seres e criaturas que preferiam a escuridão.

Por alguns momentos, Evandro pensou que estava tudo muito mais escuro do que o normal. Mas podia ser apenas impressão.

Do outro lado da sala, adentrando um dos quartos sempre abertos, Eron estava jogado em um canto, após consumir uma cota maior de droga, que lhe fora dada por uma das mulheres. Aparentemente, ele dormia, após o gozo dos sentidos. Porém, apenas aparentava dormir. Saiu de maneira estranha do ambiente, não notando que deixava o próprio corpo, pois fora impulsionado para fora, violentamente, expulso do corpo pelo efeito da droga. Flutuou, deslizou por um longo corredor que não vira antes no ambiente estritamente físico. Estava atordoado. Divisou um estranho ser esquálido, esquelético, nauseabundo, que exalava um cheiro insuportável. Quis vomitar. Não tinha noção do que lhe ocorria, não sabia que estava desdobrado. O local onde transitava era completamente escuro, embora pudesse ver objetos e pessoas; um processo que não podia nem sabia explicar. A espessura da escuridão mais parecia uma presença viva, um ser inominável, do que propriamente uma condição do ambiente. Afinal, não se tratava mesmo de uma situação puramente física. Havia uma presença, sim, de algo, alguma força estranha, descomunal, inumana. Havia algo mais no ambiente, e Eron o sentiu em toda sua potência e hediondez.

Do outro lado, olhos avermelhados, de uma presença insuspeita, miravam Eron e as demais pessoas entregues à orgia. Contudo, apenas Eron houvera sido arrojado do corpo, como que catapultado devido ao efeito acachapante da droga que consumira. A estranha figura deslizava pelo ambiente extrafísico daquele local como uma silhueta que emergia da escuridão; arrastava-se quase materialmente e era feita de uma feiura forjada no próprio negror da atmosfera fétida e suja. Um lampejo rubro partindo da bizarra criatura pôde ser percebido em algum recôndito do inconsciente de Eron, embora ele não tivesse nem quisesse ter conhecimento sobre esse tipo de coisa.

Um outro par de olhos o mirava de perto. Havia ali outras criaturas da noite, trevas vivas absorvendo os fluidos e o magnetismo das pessoas, pois era possível ver certo vapor amarelado emanando dos humanos, inclusive, de Eron. Esse vapor era agradável, proporcionava a sensação de bem-estar e um prazer quase sexual nas estranhas figuras que ali estavam à espreita. Energias de diversos matizes deslizavam, serpenteavam e eram absorvidas pelos habitantes da escuridão quase palpável. As entidades pareciam conversar entre si, porém,

Eron não percebia os sons, ou melhor, não conseguia entender-lhes o sentido nem as palavras. A voz que emitiam ressoava como um gorgolejo impossível de ser traduzido.

— Eron, Erasmino! Acorda, amigo! — era a voz de Evandro, que descobrira seu amigo ali, jogado num canto, nu, em transe profundo. — Acorda, Eron! Temos de ir embora... Você não está bem.

Ao longe, D. Niquita balbuciava:

— Meu filho querido! Deus abençoe você onde quer que você esteja esta noite. Que os anjos de Deus o iluminem e protejam. Os bons guias da luz e da verdade o abençoem...

Um brilho repentino, forte, foi o suficiente para arrancar Eron daquela situação. Quatro seres corpulentos, refulgentes, apareceram de repente em meio ao pesadelo de Erasmino e o arrancaram do transe, quem sabe obedecendo a um chamado. Como cometas, rasgaram a escuridão e, num átimo, arremessaram Erasmino de volta ao corpo, livrando-o do perigo maior, iminente. Um suave murmúrio foi percebido por Eron e também por Evandro, que se arrepiou todo enquanto o amigo recobrava a consciência.

— Vamos! Vista-se, Erasmino. Precisamos tirar você daqui!

E apenas com as roupas íntimas, Evandro ainda fez um sinal da cruz e rogou, em silêncio:

— Livrai-nos de todo mal, meus protetores! Prometo nunca mais voltar aqui.

Um dos seres, brilhando como relâmpago, parecia vociferar, falava alto. Aparentemente nervoso, brandia uma espada, apontando para Evandro. Era um caboclo, alguém profundamente ligado a Evandro e que o protegia em alguns momentos de sua vida. Outro ser iluminado tocou-lhe o ombro, chamando-lhe a atenção e, juntos, os quatro elevaram-se às alturas numa forma fulgurante, elegante e graciosa, deslizando entre as dimensões e regressando à pátria espiritual, de onde aguardariam os acontecimentos.

Evandro levantou-se, vestiu-se e auxiliou o amigo a vestir-se também. Havia ainda algazarra no ambiente, no entanto, Evandro não se distraiu e saiu dali imediatamente, levando consigo Erasmino.

Eram 5 horas da manhã quando chegaram próximos à Av. Paulista. Estavam ambos embriagados, porém, Evandro estava em melhor forma. A esta altura, Eron já havia se recuperado um pouco mais, mas ainda não tinha nenhuma condição de ir para a casa.

— Vamos, Eron. Vamos procurar um hotel, onde o deixarei dormindo.

— Vou para casa, amigo. Preciso de um bom banho e de descansar...

— Nada disso, Eron. Se sua mãe descobre que você usou alguma droga, isso vai destruir toda a ilusão dela como mãe. Ela não suportaria. E sua imagem diante dela estaria comprometida para sempre. Você precisa de um hotel com urgência. Você acordará amanhã bem melhor e, aí sim, poderá voltar para casa.

Depois de ouvir o amigo, Erasmino concordou:

— Você tem razão. Aliás, devo muito a você. Que amigo especial você é...

— Deixa disso, rapaz. Vamos, vou ver um hotel para você aqui, nesta região mesmo onde nos encontramos. Deixo você num café aqui perto, que eu sei estar aberto ainda a esta hora, enquanto vejo o hotel para você dormir.

— Não precisa, Evandro. Eu conheço um hotel bem aqui perto. Conheço o pessoal de serviço, lá. Pode deixar que me viro sozinho. Mas um bom café antes de ir me fará sentir melhor, pode ser?

— Claro, não o deixarei sozinho.

Depois de tomar dois cafés bem fortes, Erasmino deu mostras de voltar à realidade em melhor forma. Não se recordava, entretanto, dos acontecimentos vividos enquanto estava fora do corpo; apenas guardava vagas impressões. Após algum tempo, Evandro deixou Erasmino ainda tonto, meio esquisito, a cerca de uma quadra do hotel onde ele se hospedaria até mais tarde, antes de retornar para casa. Ao se despedir, porém, Evandro falou ao amigo, em tom de brincadeira:

— Cuidado com os obsessores, meu amigo! Eles podem estar à espreita.

Evandro não se sentia à vontade para falar mais do que isso, afinal, ele mesmo estimulara Erasmino a ir àquele local, embora não esperasse que o amigo se excedesse tanto assim. Mas, enfim...

Quando Erasmino se dirigia ao hotel, ao atravessar a rua,

um calafrio o fez arrepiar-se. Uma voz inaudível, alguém que não podia ver nem ouvir, mas apenas pressentir — embora ele se recusasse a aceitar este tipo de situação —, balbuciou bem junto dele:

— Este cara parece de confiança... Me sinto muito melhor perto dele. Uma espécie de calor parece emanar dele. Que bom que encontrei alguém assim nesta cidade. Talvez eu possa descansar um pouco, agora — pensou Aloísio.

Erasmino sentiu como se fosse perpassado por um raio, uma corrente elétrica. Parou um segundo apenas, para digerir a situação, mas um medo insano tomou conta dele a partir daí. Apressou o passo em direção ao hotel e não demorou muito a fazer o *check-in*.

Do outro lado da barreira psíquica que separa as dimensões, um espírito adormecia, sentindo-se confortável no novo ambiente psíquico que compartilhava. Começava ali um condomínio espiritual.

Ao chegar ao quarto, Erasmino pensou nas últimas palavras do amigo Evandro e riu de si mesmo e do amigo.

— Tenho de procurar Evandro amanhã para agradecer

pela força que me deu — Erasmino pensa com sinceridade.

Ele não sabia que ficaria muito tempo sem ver novamente o amigo. Alguns anos, talvez. Erasmino adormeceu, tentando tranquilizar a consciência e a cabeça, na esperança de que o sono o fizesse se libertar das lembranças e das consequências da noite. Precisava repousar. Amanhã seria outro dia, em que deveria encarar a mãe e contar as boas novas da promoção que recebera no trabalho. Erasmino adormeceu. Aloísio dormia junto. Nenhum dos dois percebera a estranha sintonia que se formara a partir dali. Estariam, por algum tempo, estreitamente ligados um ao outro.

3
NEUROSE OU FASCINAÇÃO?

ERASMINO ADENTROU o hotel completamente modificado. Embora já estivesse alterado devido aos eventos da noite, surgira, agora, um elemento novo, totalmente diferente, que ele não poderia ter previsto em seu projeto de diversão e comemoração. Havia agora a intromissão do *fator teta*, segundo o jargão de certos estudiosos da psicologia. Um agente novo, ativo, autônomo e consciente, contra o qual Eron não sabia lutar, porque não detinha nenhum conhecimento sobre o assunto.

Do outro lado da vida, estranhos seres se movimentam de um lado a outro; é a população invisível, comum ao planeta Terra, que, normalmente, é ignorada e tão somente pressentida. Como acontecia com Erasmino — ao menos até então. O uso das drogas, a intensidade das emoções e sensações despertadas, a ligação estabelecida com Aloísio, somados a outros fatores, desencadearam um processo psíquico e mental que acabou por estimular, de forma abrupta e violenta, a capacidade de Eron de perceber a realidade extrafísica, mesmo ele nada sabendo a respeito disso. De alguma maneira, os narcóticos abriram uma fenda na estrutura ampla do seu corpo etérico, ocasionando um grave prejuízo à proteção natural assegurada pelo que é conhecido como tela etérica — uma espécie de camada de ozônio, ou película, que envolve o espírito e todo o composto energético do ser humano. Sem essa barreira, o indivíduo torna-se altamente vulnerável. E foi assim que Eron começou a perceber nuances e pormenores, até então, minimamente pressentidos.

— Meu Deus, abusei das drogas, mesmo! Será que o efeito passará até eu retornar para casa? Estou vendo vultos...

Diversos seres passavam pelo saguão do hotel. Na maioria, eram espíritos ligados, em maior ou menor grau, às pessoas que ali pernoitavam. No entanto, perante a sensibilidade alterada de nosso personagem, grande parte se tornou perceptível, ainda que ele não compreendesse a que se referiam tais aparições. Ele apenas as percebia, pois seu psiquismo estava muitíssimo abalado.

— Boa noite, Sr. Erasmino! Que bom que veio nos prestigiar mais uma vez — comentou o funcionário de plantão, que já conhecia Eron de outras ocasiões em que se hospedara ali, quando se sentia por demais alterado para dirigir até em casa.

— Boa noite, meu caro! Preciso de um apartamento para dormir algumas horas.

Erasmino assinou depressa os formulários habituais e dirigiu-se ao elevador.

Entrementes, surgira no hotel um espírito mais parecido com um réptil, de tão feio e disforme que se apresentava em sua conformação energética. Caso Erasmino o pudesse distinguir, talvez o visse como um desses personagens de filmes decadentes de terror, desses chamados de *trash*, que demonstram predileção por temas como zumbis e outros semelhantes. O cabelo da criatura, totalmente despenteado, e os olhos, cheios de remela, compunham a face macilenta. Limpava a garganta a todo instante e, quando emitia sons, era de uma rouquidão incrível, intercalada por uma tosse como a dos tuberculosos, sugerindo processos inflamatórios e infecciosos severos.

— Este homem me pertence — declarou o espírito infame. — Foi entregue à minha guarda, este miserável. Mas parece que alguém o protege, de longe. Não consigo me aproximar muito mais.

Outro ser manifestou-se, pronto a provocar aquele que espiava Erasmino a certa distância. Eram da mesma procedência:

— Será você tão incapaz assim de atuar sobre ele? Será que ele é tão invulnerável, a ponto de não dar brecha para você agir?

— Até agora, ele está sob o império de suas próprias tendências. Não fiz absolutamente nada para influenciá-lo.

— Então, para que se preocupar com o infeliz? Veja como está derrotado...

— É, mas devo ficar atento, pois, segundo me consta, a mãe dele o protege.

— E quem disse que ele precisa de nossa ou da sua influência para ser destruído? Veja o estado dele! Pelo que me parece, você pode, tranquilamente, tirar férias da posição de obsessor — a entidade deu uma gargalhada.

— O sujeito já se especializou em autodestruir-se — comentou outro ser bizarro que os acompanhava.

— Sei disso — retrucou o reptiloide, preocupado. — Ainda assim, tenho de ficar de prontidão.

O cheiro daqueles espíritos parecia tomar conta do ar. O ambiente estava impregnado do odor fétido das estranhas criaturas. Cada arfada repugnava mesmo seus semelhantes.

— Fui contratado, primeiramente, para observá-lo e, só depois, agir. O plano era diferente do que está acontecendo.

— Mas parece que o sujeito tem se esmerado; está tão especializado em se boicotar que você será até elogiado por quem contratou seus serviços.

O obsessor ponderou mais uma vez com o interlocutor, mas o fato é que Erasmino, realmente, se colocara sozinho naquela situação.

— Parece haver um plano traçado em relação a este abestalhado. Um plano que poderá se desdobrar de maneira a causar algum prejuízo ao poderoso que me contratou e à sua organização. Minha atuação deveria ser muito mais intensa — comentou o personagem invisível.

Depois de um tempo observando ao longe, enquanto Eron abria a porta do quarto, falou:

— Até onde sei, alguém está orando fervorosamente para este miserável. E ele nem merece ser protegido. Contra as orações de uma mãe, de quem o ame verdadeiramente, terei sérias dificuldades em atuar mais objetivamente.

— Então, o deixe entregue aos próprios instintos e afinidades! Esse aí não precisa de nós para ser destruído. Ele atrai outros espíritos tão miseráveis quanto ele, apenas por sua conduta. E, apesar de não serem seres com objetivo de prejudicar, como você, ainda assim causarão mal o bastante. Se você não pode contra ele agora, deixe que suas companhias espirituais naturais, aquelas que são atraídas por afinidades de gostos e comportamento, o amaciem para nós. Depois, bem mais tarde, quando estiver semidestruído, você entra em cena. Aí, ficará bem mais fácil...

O obsessor sentiu-se impotente em relação à proteção arregimentada pelas orações da mãe de Erasmino, por outro lado, também se sentia incapaz de opor um argumento à tática sugerida pelo colega das profundezas. Voltou-se para ele furioso, odiando que tivesse razão e preparando-se para dar um golpe violento, mas resolveu parar o braço no alto, detendo-se instintivamente. Fixou nele o olhar cheio de emanações de raiva e ódio, mas reconheceu que o astuto espírito tinha razão. Esperaria um pouco mais. Porém, eles não sabiam que estava em andamento um plano para Eron, um plano bem mais elaborado, a fim de que se recuperasse. Disso não podiam saber.

Ao entrar no quarto onde pretendia dormir, Erasmino novamente sentiu um calafrio. Alguém literalmente o atravessou, e chegou mesmo a lhe ocorrer que havia alguém já deitado na cama que o aguardava. Dada a novidade daquele tipo de pensamento, questionava se de fato era alguém ou se não passava de uma impressão sua, resquício do transe das drogas. Apesar de indiscutivelmente real, o calafrio não tinha como impedir-lhe de deitar, pois o corpo não aguentava mais; estava exausto. Preparou-se para se jogar na cama.

— Com certeza, bebi demais. Nem sei como consegui me registrar no hotel. O pior é que misturei tantos tipos de bebida, além das drogas... É claro que estou sob o efeito de tudo isso — considerou Erasmino, antes de se jogar com roupa e tudo sobre o leito.

Mas ele não estava sozinho; absolutamente, não. Havia alguém mais ali, dormindo fora do corpo. Novamente, o calafrio, e, novamente, a desculpa:

— Estou doidão demais. Parece que meu intestino vai explodir, e minha cabeça também.

Uma voz rouca, quase um murmúrio, foi ouvida por Eron:

— Me ajude!...

Ele quis se levantar de imediato, mas só o que conseguiu foi uma tentativa infrutífera. Não tinha mais forças para resistir ao sono, que o dominava. Entrou num estado de semitranse, numa situação em que se enrijeceu quase por completo. O corpo não obedecia ao comando do seu espírito. Tentou se mexer, mas nada. Verdadeiro pânico tomou conta dele, pois não sabia o que estava acontecendo consigo. Um breve pensamento cruzou sua mente: deveria ter dado mais atenção às conversas que tivera com Evandro, seu amigo meio louco, que gostava de falar de espíritos.

Erasmino tentou balbuciar algumas palavras, mas nada. A boca não se movimentava, porém, estava consciente dentro do próprio corpo, embora este, naquele momento, se afigurasse uma prisão para ele. Uma prisão sem grades, mas potente o suficiente para aprisioná-lo com eficácia. Um fenômeno simples lhe sucedia, mas ele não tinha conhecimento sobre o assunto. Além disso, estava completamente alterado, em estado modificado de consciência, fato que suscitava um fenômeno de pré-desdobramento — no presente caso, provocado pelo abuso de álcool e drogas. Erasmino era expulso do próprio corpo por efeito de drogas poderosas; um desdobramento nada natural. Sua cabeça rodopiou como se fosse um pião... Via tudo de maneira estranha. Mas será que via com os olhos físicos ou com os da alma? Isso ele não saberia responder. Sabia apenas que estava apavorado, com muito medo, mesmo.

— Pronto, vou morrer. Nem tive como avisar minha mãe... Não consigo me movimentar. Morrerei sem ninguém, só, desamparado. Meu Deus!

Um pânico dominou seu consciente e sua mente se entregou a processos desgovernados. Como não sabia nada sobre o que estava acontecendo com ele, deduziu que era a morte que o visitava, implacável. Logo depois que a cabeça rodopiou, foi a vez do resto do corpo. Era como se desse reviravoltas dentro do próprio corpo.

— Valha-me Deus, Nosso Senhor! — ousava, num grito mental, embora o pedido não fosse fruto da fé, mas do desespero, um quase instinto, mesmo. O corpo girava, girava, girava. Sentiu algo que lhe pareceu tirá-lo da situação; uma força incomensurável. O estômago se revoltava, revirava-se, e, com uma força que não sabia de onde vinha, levantou-se daquela cama, num ímpeto. Mas nem teve tempo de ir até o sanitário: vomitou ali mesmo, no chão do quarto, provocando um mal cheiro quase insuportável, não fosse a embriaguez de seus sentidos. Entretanto, vomitar foi sua salvação; vomitou muito, até se sentir mais aliviado. Após algum tempo, quase desfaleceu ali mesmo, sobre o carpete do quarto de hotel.

— Eu deveria ter ido com Evandro para a casa dele — pensou, arrependido.

Levantou-se do carpete, onde se jogara enquanto vomitava, sem forças para resistir ou caminhar até o lavabo. Sentia-se exaurido, mal conseguindo erguer-se até a cama, novamente. Porém, mesmo em meio a toda a tormenta que lhe sucedia, Erasmino estava intimamente satisfeito com a festa, a noitada, enfim, o que planejara e experimentara com os amigos. Mesmo tendo ficado tão mal como ficou, ali, naquele quarto de hotel, sozinho, sentia-se satisfeito. Não feliz, mas satisfeito com a noite. Sem tomar um banho, sem sequer lavar a boca, escorregou para a cama e jogou-se mais uma vez sobre ela.

Adormeceu imediatamente. Dessa vez, sem o pesadelo do pré-
-desdobramento. A história agora era outra, de outro matiz.

Mal adormecera, imagens da festa, da casa noturna onde estivera com os amigos começaram a povoar seu mundo interior. Ouvia e via não com os olhos e ouvidos, mas com a própria alma, a partir das percepções inerentes ao seu corpo espiritual, que estava definitivamente desdobrado, separado do corpo, temporariamente. A seu lado, uma figura do mundo extrafísico também dormia. Alguém que, por sua vez, sentia-se acomodado, aconchegado e dormia profundamente ao lado do corpo de Erasmino.

Os pensamentos de ambos pareciam se mesclar, sem que Eron o percebesse. Este ouvia um barulho, um burburinho, mas não conseguia forças para se levantar. Confundia tudo naquele estado em que se encontrava. Não sabia se estava vivo, nem como, nem onde. Também não reunia forças suficientes para se levantar do leito, embora não estivesse mais sobre o leito naquele quarto de hotel. Lá permanecia tão somente seu corpo, além do outro espírito, adormecido, que também tinha lá seus pesadelos.

Imagens de orgias, sexo, bebidas, mulheres, drogas; tudo se mesclava no pesadelo de Erasmino. Com efeito, não saberia dizer se eram lembranças suas, apenas, ou imagens e emoções compartilhadas com quem dividia, inadvertidamente, o leito de hotel.

— Estou morto? Ou será um sonho, um pesadelo? — Erasmino perguntava a si mesmo. — Será efeito do álcool, ainda? Ou das drogas? — não tinha resposta às próprias indagações.

Nas telas da memória, via imagens, paisagens, porém, ao mesmo tempo, participava de acontecimentos oníricos. No fundo, bem lá no inconsciente, havia um pensamento que tentava se intrometer em meio ao pesadelo. Era sobre o amigo Evandro... Sabia que ele se interessava por alguma coisa de espiritual. Quem sabe tivesse explicações para o que estava acontecendo?

Mas Eron tinha repulsa por esses assuntos de feitiçaria, segundo entendia. Além do mais, a ignorância acerca do que se passava consigo, aliada à quase certeza de que estivesse morto, fizeram com que aquele pensamento não durasse mais que um breve instante. Várias imagens competiam com personagens que, para Eron, eram apenas figuras de seu pesadelo particular. Sua cabeça rodopiava, sentia-se tonto, parecia querer vomitar novamente... Mas nada. Eram apenas impressões.

— Minha mãe, me socorra! O que há comigo? Morri de verdade?

Erasmino passara de espectador para um ativo participante dos acontecimentos, uma característica própria do desdobramento, que ele vivia agora. Mas ele ignorava isso, assim como ignorava tantos outros aspectos relevantes à compreensão do que vivenciava. Também não conseguia explicar como via personagens que conhecia, como as mulheres com as quais se relacionara na noite da festa, e, ao mesmo tempo, outras pessoas, criaturas da noite, cuja razão de estarem ali, integrando aquele pesadelo particular, ele nem ao menos saberia especular.

Havia uma comemoração, muitas mulheres, muita gente diferente. Ele próprio participava de tudo aquilo sem saber ao certo do que se tratava. Parecia que também compareciam os amigos Natan e Renan. Mas não via Evandro nas cenas de seu sonho-pesadelo.

— Decerto é o efeito da droga que consumi. Acho que nunca mais irei usar novamente... Deus me livre! E se eu não voltar nunca mais? Se eu nunca mais acordar desse pesadelo?

Erasmino oscilava entre a convicção de que estava morto e a de que estivesse sob efeito prolongado das drogas e do álcool. Talvez fosse um mecanismo de sua mente para suavizar o processo no qual ele experimentava situações fortes e complexas; um recurso mental e emocional para tudo aquilo tornar-se suportável.

Erasmino caminhava em um local inundado por luz vermelha, intensa. Tudo refulgia em virtude dessa luz, que também deformava pessoas e objetos. Era uma ilusão de ótica, mas completamente real para ele. Havia música no ar, uma música estranha, hipnótica, que aprofundava seu estado de quase demência espiritual. Estava num tipo de festa esquisita, que ele desconhecia, semelhante ao que, anos mais tarde, seria chamado de *rave*. A música de volume altíssimo imperava em todo o ambiente. A estranheza advinha do fato de que era como se alguém houvesse mixado a música principal com diversas outras, desencadeando um inusitado fenômeno mental e emocional sobre Erasmino. Será que o mesmo se dava com os demais ali presentes? — considerou ele. A mistura de 8 a 10 músicas simultâneas produzia um efeito análogo a muitas drogas na mente das pessoas daquela festa. Erasmino não podia definir com exatidão o que ocorria no ambiente, quanto mais com a onda de hipnose coletiva que a música provocava.

De todo modo, havia outros elementos a complementar o quadro e a aumentar o efeito de droga eletrônica naquelas mentes: as luzes de efeito estroboscópio, entre outras luzes pulsantes; o grande número de pessoas, criando uma sensação grupal, como num cardume e, ao mesmo tempo, de sufocamento; sem falar na gente que não era gente, no sentido habitual do termo. Vultos escuros, sombrios que se misturavam à multidão em festa. Quatro deles, em especial, pairavam acima, sob o teto do local onde se reunia a turba de seres que vivenciava aquela experiência fora do corpo.

A quadrilha de entidades demoníacas, de vampiros energéticos, em sua lasciva euforia, parecia conduzir a multidão sem que esta o percebesse. Utilizavam a música estridente como um processo requintado de hipnose coletiva. Pairando acima da massa, os vultos de puro negrume vagueavam sobre a festa, acima dos participantes eufóricos, e, alternada e subitamente, desciam numa acrobacia demoníaca em meio a todos, sem que fossem surpreendidos e percebidos com clareza, em mergulhos que lembravam aves de rapina em plena caça. Os espectros flutuavam de acordo com o ritmo alucinante da música e eram considerados como efeitos tecnológicos, como se equipamentos os projetassem em meio e acima de todos. Entre idas e vindas, evolucionavam como se asas tivessem e asas utilizassem para passear sobre a turba enlouquecida e com as mentes alteradas.

Alguns seres esqueléticos, nitidamente vampiros de fluidos humanos, imiscuíam-se aos demais, deixando cair um estranho visco, de cheiro nauseabundo. Vampiros que outrora tiveram uma existência humana em corpos físicos, naquele ambiente astral, pautavam sua atividade junto àqueles espíritos encarnados e desencarnados por meio da violência mental e emocional, da sede por paixões humanas e fluidos densos, sem se importar com o grau de terror que instauravam em seus alvos mentais. Não hesitavam por um instante sequer;

não tinham nenhum escrúpulo. Quebravam e desprezavam todas as normas, todo tipo de moral ou de parâmetro que pudesse se afigurar como equilíbrio ou harmonia; tinham por princípio não ter princípios e insuflar todos os instintos ao grau máximo, deixando-os soltos e livres de qualquer amarra.

Para aumentar a sensação de estranheza, o evento não ocorria num lugar localizado geograficamente. Poder-se-ia procurar aquele local desde nos recantos mais remotos do planeta até nos mais conhecidos e habitados; não seria encontrado, de forma alguma. Aquilo tudo, todo aquele universo, estava localizado entre dimensões. Nada mais, nada menos.

Erasmino permanecia ali, em meio a tudo aquilo, sem possuir discernimento suficiente para entender o que se passava. Era obrigado a descobrir por experiência própria que toda ação, toda atitude, por mais inocente que pareça, provoca uma reação dotada de força e intensidade equivalentes, em sentido oposto; seja no corpo ou fora dele — ainda que o sujeito julgasse boas as intenções que o moveram. O que Erasmino vivenciava ali era fruto de suas atitudes, nada mais.

Subitamente, as garras afiadas de uma estranha entidade presente no local aproximaram-se, velozmente, de Erasmino. Mas ele foi salvo por uma mulher estranha, que o observava de longe, até aquele momento. Ela o arrancou da frente do atacante alucinado, que descia do teto com as garras em direção ao peito do rapaz.

— Você é meu e ninguém o tira de mim — comunicou a Eron, enquanto o arrastava a outro lugar. Ou seja, ele livrara-se de um agressor enquanto era arrastado por outro. Não conseguia decidir se era vítima, alvo ou apenas participante inocente.

Erasmino pôde perceber, num relance, algumas pessoas diferentes ao seu redor, enquanto era arrastado pela mulher, que exibia um vestido de imenso decote mostrando o que podia, sem nenhum pudor. Ela atacou pelo lado fraco do rapaz, que era viciado em sexo; Erasmino sentia o cheiro do sexo mesmo fora do corpo e a ele queria se entregar sem nenhum controle. De repente, teve medo novamente. Medo, não; pavor. Embora houvesse naquela atitude da mulher uma promessa de prazer e de fantasia, ele temia.

— Enfim, o encontrei! — ela se regozijava, enquanto continuava arrastando o rapaz para outro ambiente.

O coração dele batia descompassado quando percebeu estranhas pessoas vestidas de branco adentrarem o ambiente, como se fossem médicos ou cientistas de alguma especialidade. Sentia como se o coração fosse pular do peito. Ele não sabia por que tinha tanto medo assim, mas, ao mesmo tempo, não queria soltar da mão da mulher que lhe transmitia estranha — e promissora — volúpia. Sua mente estava completamente tomada pelo desejo, por uma curiosa situação, que não podia definir, bem como pela hipnose da música e das luzes. Um medo terrível alojara-se dentro dele; um medo irracional. Junto com o medo, vieram seus amigos invisíveis. Justo agora, quando pensava que tudo estava terminado e fosse, finalmente, dormir, ou quem sabe, jazer morto, o pesadelo retornou com toda força e intensidade.

— Achou que havia escapado de nós? — perguntou a mulher com olhar profundamente magnético.

— Não... — balbuciou Erasmino enquanto era carregado do ambiente, Deus sabe para onde. — Não pensei nisso. Apenas... — não continuou.

— Aqui seus fantasmas estão todos vivos, ativos, rondando-o em cada canto, em cada esquina, em todo lugar onde encontrem acolhimento, inclusive em seu coração e em seus pensamentos — esclareceu a mulher enquanto penetrava um cômodo contíguo ao salão infernal, onde estavam antes. Ainda se ouvia o som da mixagem hipnótica. Mesmo ali, os efeitos das luzes pareciam afetar a mente de Erasmino, fazendo-o tremer, suar, agitar-se mais e mais.

Ele sentiu-se cambalear enquanto era direcionado para uma cama aparentemente improvisada naquele cômodo imerso em luzes de efeito hipnótico. Seus velhos temores emergiam em sua mente; estavam de volta de maneira aterradora.

Dois espíritos mais trevosos do que as trevas mais profundas adentraram o ambiente voando, levitando, rasgando o exótico efeito de luzes e pairaram acima de Eron e da mulher, que o guardava para algo que ele não saberia precisar. Berravam, gritavam, como se fossem corvos ou uma ave de rapina qualquer, envolvendo o ambiente num cheiro intenso de amônia e num fedor descomunal, não identificado pelos sentidos de Erasmino.

Os espíritos notaram que a mulher se abaixara para evitar que a tocassem; portanto, aproveitaram para passar sobre Erasmino, golpeando-o enquanto quase lhe danaram a alma com suas garras negras e salientes.

— Proteja-se! — gritou a mulher para ele, que se agachou imediatamente, sem saber o porquê daquilo tudo.

— Estou morto? Você está morta? — perguntou aos gritos para a mulher.

— Esta é uma pergunta difícil de responder agora, meu rapaz. Depois, você descobrirá por si só — a mulher tencionou levantar-se, mas foi atingida pelos dois espíritos, que passaram deslizando nos fluidos daquele ambiente de almas monstruosas. Ela gritou ao ser atingida por um dos miseráveis seres que perseguiam Erasmino. Tentou aprumar-se, mas logo foi jogada ao chão enquanto um grito estridente saía-lhe pela garganta.

A dupla de espíritos pousou ao lado de Erasmino enquanto ele tremia feito vara verde. Um deles enterrou as unhas afiadas em suas costas, embora ele tentasse se esconder de todo jeito. Erasmino gritou feito louco, sentindo as dores quase físicas do ataque daquelas almas brutais. A mulher tentou engolir um grito de desespero e manteve-se no chão, quieta. Afinal, ela era apenas um espírito qualquer, e não poderia fazer frente aos vampiros de energias. Erasmino sentiu que tinha de escapar a todo custo; precisava escapar. Pensou em sua mãe, D. Niquita. Foi a única coisa que conseguiu fazer a fim de romper a situação mental que ameaçava aprofundar-se, levando-o à loucura. Tentou escapar do ataque, mas não tinha equilíbrio. Pensou novamente em sua mãe, mentalmente clamando por socorro.

Em seguida, penetraram o ambiente pessoas vestidas de branco; mas que não eram espíritos iluminados. Quando os demoníacos seres das trevas viram aqueles espíritos diferentes, de imediato os reconheceram e saíram em debandada, não sem antes dar um pontapé na mulher, que permanecia agachada com as mãos na boca, na tentativa de deter um grito. Houve um breve silêncio no local. Não que a música hipnótica houvesse silenciado — não! —, mas houve um breve silêncio mental. Erasmino e a mulher levantaram-se, lentamente, enquanto os homens de branco aproximavam-se de ambos, que não comentaram entre si o ocorrido. Somente aos poucos perceberam que o som continuava, e a música ou a combinação de várias delas parecia acelerar a mente de Erasmino. Talvez estivesse ocorrendo uma dissociação de sua memória. Os acontecimentos eram intensos.

— Estou louco, com certeza — pensou consigo mesmo, sem esperar resposta de ninguém.

— Não, Erasmino, você não está louco — respondeu um dos homens de branco. — Esta é sua realidade mental, seu clima psíquico íntimo. Tudo aqui é alimentado por você, por suas emoções e atitudes — e deram por encerrado qualquer comentário. A mulher encarou Erasmino novamente com aquele olhar que denunciava desejos vorazes.

Havia outros vultos no ambiente, mas Erasmino não pôde dar-lhes atenção, pois foi conduzido pelos homens de branco até a cama. Vivenciava tudo como quem está em transe, drogado, o que não deixava de ser verdade, sob certo aspecto. Nem mesmo as drogas que usara antes — "apenas algumas poucas vezes", segundo teimava em acreditar — obtinham tamanho efeito como a música estranha e hipnótica produzia sobre sua mente. Sentiu o coração acelerar, ao mesmo tempo em que a frequência das ondas cerebrais parecia aumentar, projetando-o num estado de transe sem precedentes.

— Onde estou? No hotel? Na casa de Evandro? Em minha casa? — indagava mentalmente.

Tudo parecia distorcido ao som hipnótico da música daquele ambiente. Curioso é imaginar que, no fundo, Erasmino até que estava gostando da música e das luzes, não obstante os vultos trajados de branco estivessem ali, em torno dele.

De repente, ele se viu num ambiente totalmente bucólico; nada do som intenso e hipnótico da música. Estava à beira de uma cachoeira junto com dezenas de outras pessoas. Jogava-se na água e, quando pensava estar prestes a afundar-se nas águas geladas, abria os olhos e novamente se percebia deitado naquela cama, submetido à hipnose musical, enquanto os supostos médicos mexiam em seu cérebro, em sua coluna. Ele agora escutava nitidamente as vozes de todos, pois havia ali, também, outras pessoas, apenas observando.

JÁ PASSAVA do meio-dia de domingo, quando Erasmino acordou. Dormira mais de 24 horas seguidas. Desceu pelo elevador para fazer *check-out,* após uma ducha rápida. Estava diferente, sentia-se diferente. Não via mais os vultos, ao menos por ora, e a cabeça parecia melhor, embora pressentisse que algo ocorrera consigo. No entanto, guardava poucas lembranças das experiências fora do corpo; o pouco que ficara registrado era como se fossem fragmentos de um pesadelo. Erasmino transpirava muito quando chegara ao saguão do hotel.

— Tudo bem, senhor? — perguntou o rapaz que o atendeu na recepção.

— Aparentemente tudo, meu amigo. Por que pergunta?

— Desculpe, senhor, mas durante quase toda a noite foram ouvidos gemidos e gritos em seu quarto, de modo que alguns hóspedes nos pediram para verificar.

— E?

O rapaz se pôs em silêncio por um tempo enquanto arrumava os papéis para Erasmino encerrar a conta.

— Tentamos acordar o senhor, mas parece que estava tendo pesadelos. Só isso...

O rapaz o encarou desconfiado, sem aprofundar o assunto. Eron preferiu acreditar que era mesmo só isso.

Erasmino saiu à rua com uma sensação estranha. Estava

diferente, mas não sabia o que mudara dentro de si. O mundo lhe parecia diferente. Tão logo entrou no táxi e informou o destino ao condutor, notou que havia um tipo de pensamento intruso em sua mente, como se alguém pensasse junto com ele. Registrou o fato e reagiu com estranheza. Sentiu que estabelecera ligação com alguém. Passou a alimentar a incômoda sensação de que não estava sozinho e de que compartilhava pensamentos e emoções com outra pessoa, mas não sabia quem; não havia como saber.

Eram muitas informações e novidades para a mente do rapaz. Alguém arrastara-se ou fora arrastado para perto de Erasmino; ambos entraram em sintonia fina.

— Amanhã vou urgentemente a um psicólogo. Não posso continuar assim — falou em voz alta, enquanto o carro percorria a Av. Paulista em direção à Zona Sul, onde morava com D. Niquita, sua mãe.

Em casa, a mãe de Erasmino chorava e, ao mesmo tempo, rezava para todos os santos possíveis:

— Meu Deus do céu! Virgem Maria, sem pecado, tomai conta de meu filho... Já não sei mais onde procurá-lo. Virgem do céu, esperança nossa, salvai meu Erasmino!

Poucos minutos após pegar o táxi, Erasmino achou que o motorista transmitia certo nervosismo. Estava em completo silêncio, mas não um silêncio comum. Havia algo no ar. Será que percebia algo que ele, Erasmino, não conseguia sequer suspeitar? Procurou distrair-se olhando a rua, as pessoas do lado de fora e o fluxo intenso de automóveis. Mas, para ele, as coisas não se pareciam tão normais assim. Interpretava, à sua maneira, que talvez o motorista fosse um maluco qualquer, alguém que intentava alguma coisa, quem sabe um sequestro relâmpago. Sua mente vagava entre mil e uma possibilidades a respeito do motorista. Erasmino, simplesmente, estava intranquilo e não era capaz de se distrair ou de deixar as coisas acontecerem de maneira normal. Para ele, havia algo diferente no ar. As coisas mais comuns adquiriam significado estranho. O receio comedido foi, aos poucos, sendo substituído por uma sensação de medo, uma espécie de crise de pânico da qual ele nem se dera conta, inicialmente. Em sua cabeça, ele associava o silêncio do motorista, algo absolutamente normal, com alguma coisa aterradora ou muito suspeita. Sem se aperceber, tecia uma história mirabolante em torno da situação mais comum possível. Decididamente, adentrava um estágio neurótico.

Em dado momento, Erasmino observava o motorista e, em seu enredo delirante, concluiu que estava sendo observado pelo condutor através do espelho retrovisor. Quando, em determinada esquina, o motorista deu um golpe brusco no volante, para desviar-se de um outro veículo, Erasmino chegou ao auge do pânico. Gritou feito louco. O motorista parou o carro assim que encontrou um local permitido.

— Está com algum problema, senhor? Está tudo bem?

Erasmino se deu conta, por uns instantes, de que tudo era criação de sua mente.

— Desculpe, amigo. Está tudo bem, pode prosseguir — ficou sem graça pelo fiasco.

Assim que o taxista arrancou o veículo novamente, olhou de relance pelo retrovisor para conferir se o passageiro realmente estava bem. Prosseguiu tranquilo, pelo menos, aparentemente. Logo após, Eron olhou para trás, talvez procurando algo que apenas pressentisse e avistou uma figura mirando-o, de longe. Era um espírito, alguém que naquele momento Erasmino não podia definir direito, pois se encontrava de certa maneira prisioneiro de um estado de terror íntimo para o qual não tinha explicação.

O sujeito que o observava desde a outra dimensão era, de fato, assustador: um ser igual a qualquer ser humano e, ao mesmo tempo, diferente pelo aspecto inusitado, bizarro. Erasmino arregalou os olhos e quase interrompeu a respiração. Suava feito louco. Mas, desta vez, conteve-se e não gritou. Estava tomado de medo, de um medo irracional. A figura maligna do sujeito que transpôs o limiar das dimensões olhava para Eron, ali, parado, enquanto o táxi deslizava pelas ruas da cidade. Erasmino evitou olhar de volta. Não sabia o que fazer. A respiração estava acelerada, a pulsação, também, e o suor descia em bicas, ensopando a camisa. Somente aos poucos voltou ao normal, muito lentamente. Porém, ficara ensimesmado.

Ao lado do táxi onde estava, havia espíritos — diversos deles — que, por algum mecanismo, notaram que Erasmino detinha certas habilidades ou percepções, que estava mais sensível à presença espiritual. Se porventura os humanos pudessem ouvir, notariam outra população — invisível, porém, muito atuante — em todos os ambientes frequentados por eles. Do lado de fora do táxi, era como se houvesse uma disputa. Alguém, dentre os invisíveis, percebeu que Erasmino, ou Eron, podia, de alguma maneira, senti-los, pressenti-los, percebê-los. Foi o bastante.

— Ele pode nos ver! Ele nos ouve, de alguma maneira. Talvez, através dele consigamos falar com nossos familiares que ficaram — gritava um invisível.

— Ele não pode nos ver — respondia outro. — Está alucinado, apenas. Veja, os sombras estão perto dele; o homem é alvo dos sombras.

Acima do carro, que seguia velozmente, um grupo de quatro seres deslizava na atmosfera, nos fluidos ambientes, como se fossem gralhas, pois emitiam estranho ruído, somente perceptível aos seres daquela dimensão. Um deles fez um voo rasante e pousou de maneira barulhenta sobre o táxi. Erasmino percebeu o movimento inusitado, mas não sabia definir de onde vinha ou o que era, na realidade. Tinha apenas impressões vagas; alguma percepção incipiente, nada mais.

Entretanto, isso era suficiente para que se sentisse um pouco desconfortável, ligeiramente mal. Só não sabia definir a razão do seu estado de espírito.

— Ele é nosso! — gritava o ser viscoso que se alojara em cima do táxi para seu semelhante, que pairava mais acima, deslizando na atmosfera fluídica da cidade. — Se quiser, posso fazer o carro capotar e... já era!

— Não faça isso! — gritou outro espírito de aparência exótica, que também baixou o voo e pousou no capô do carro, logo à frente do motorista.

— Disseram que fosse mantido entre os viventes. Ele ficará louco, mas não o queremos do nosso lado, definitivamente. Ele não deve morrer! — enfatizou outro ser para o primeiro que falara.

O táxi prosseguia enquanto o mundo à sua volta parecia pulular de gente, seres e coisas que a mente de Eron começava a perceber, inquieto. Ele estava à beira de um ataque de pânico.

Se olhos humanos pudessem ver e ouvidos humanos, ouvir, talvez também muita gente se assustasse com a realidade nada romanceada da vida além-túmulo. O Invisível é muito mais palpável do que certas coisas consideradas reais pelos mortais.

Depois de algum tempo, Erasmino pareceu voltar a si e, prestando atenção em um jornal esquecido no banco do táxi, deu-se conta de que havia dormido muito mais do que de costume naquele hotel, onde tinha o hábito de ficar algumas noites.

— Como pude dormir tanto assim? Minha mãe deve estar enlouquecida de preocupação. Eu conheço a velha! E havia uma estranha sensação no ar.

Erasmino começou a perceber algumas vozes dentro de sua cabeça. A princípio eram sensações, ligeiras impressões. Mas, aos poucos, frases inteiras eram ouvidas.

— Tenho de ir a um psicólogo com urgência. Preciso de ajuda — pensou o rapaz, de novo. Desta vez, realmente decidido.

4
UM CASO DIFERENTE

ONE MUDARA-SE para perto da casa onde Niquita residia com a filha e Erasmino. Desde o dia da mudança, Niquita aproximara-se de Ione, na intenção de fazer amizade. Afinal, pensava a mãe de Erasmino, seria uma oportunidade ideal, uma vez que as outras vizinhas não eram de muita conversa; todas se isolavam em suas casas. Mas Niquita gostava muito de conversar, trocar experiências, enfim, aproximar-se mais das pessoas. Ela vinha do interior do estado de São Paulo e ainda não se acostumara à vida na cidade grande, mesmo depois de algum tempo residindo ali. Neste ponto, Ione era algo parecida com Niquita: ambas adoravam uma conversa.

Notando que o filho havia mudado após aquele fim de semana em que sumira de casa, Niquita resolveu procurar a amiga para conversar. Resolveu se abrir sem nenhum pudor:

— Estou preocupada, minha amiga — falava Niquita enquanto saboreava um café na casa de Ione. — Meu filho anda muito diferente. Temo que ele perca o posto que conquistou no trabalho dele. Há muitos anos ele desejava uma posição mais elevada, afinal, isso melhoraria muito o salário dele. Sabe como é, não?

— Sei muito bem, amiga, mas não fique assim, não. Essas esquisitices parecem coisas dos jovens de hoje em dia; vão e vêm sem nenhuma explicação. Talvez haja uma mulher na vida dele. Afinal, um rabo de saia muda muito a cabeça dos homens.

— Mas não é isso, Ione. Não entendo muito bem essa situação que está acontecendo com meu filho, Erasmino, mas ele anda muito mudado. Acredita que, pelo menos três vezes por semana, ele acorda todo banhado de suor, gritando como se estivesse vivendo um pesadelo? Além de outras atitudes estranhas, também.

— Mulher, então você precisa consultar um médico sobre seu filho. Se a coisa está assim, talvez só um bom médico ajude. Quem sabe até um psicólogo?...

— Mas meu filho não é louco! Psicólogo é coisa pra louco, Ione. Deus me livre!

— Que louco que nada, mulher! Deixa de ser desinformada. Hoje em dia é até chique a gente ir a um psicólogo. Não vê nas novelas da televisão? Gente rica e chique procura psicólogos sempre, até para coisas bestas, simples.

— Procurei entrar em contato com o amigo mais próximo de Erasmino, mas parece que ele sumiu do mapa. Evandro até que é uma pessoa de bem, de bom caráter, mas ninguém sabe onde se meteu o rapaz. Eu queria saber informações sobre como está Erasmino no trabalho.

— Ora, essa! E por que você não procura falar com outra pessoa que trabalha com seu filho? Por que procurar somente o tal Evandro?

— Bem, minha amiga Ione, na verdade o Evandro nem trabalha com Erasmino, mas é um colega de anos, uma pessoa muito influente sobre meu filho. Os dois são como unha e carne; nunca se desgrudam um do outro. Aí, pensei que ele pudesse ter alguma informação sobre a questão... Mas desisti; não o encontro em lugar algum.

O vapor do café feito na hora parecia preencher alma a de Niquita com aromas que lhe recordavam algum lugar; o passado, talvez. O cheiro fresco de café torrado, moído, misturado à água fervente, parecia inebriar os sentidos das duas enquanto conversavam. O mundo pareceu ficar parado lá fora, principalmente quando foi servido o pão da última fornada, recém-chegado da padaria, que somando-se ao aroma do café abençoado, esquentava a boca e arrancava lembranças da alma das duas senhoras. Depois de alguns goles e um naco de pão, Niquita prosseguiu, ainda degustando o sabor que ficara na boca:

— O meu Erasmino tem tido alucinações. Mas não acho que ele esteja louco, não. Também, com os jovens de hoje em dia, não tenho certeza de que ele não tenha sido drogado por algum amigo ou colega de serviço.

— Deus me livre, amiga! Nossa Senhora das Candeias que nos ilumine! — falou Ione, batendo na mesa com a mão cerrada três vezes. — Você acha que seu filho é dessas coisas?

— Eu tenho certeza de que Erasmino foi criado da melhor forma possível, Ione. Nunca falamos em casa sobre drogas, sexo e coisas que incomodam. Sabe como é a nossa educação, não é? Mas ele tem uma conduta de um homem de bem. Nunca se envolveu com coisas ilícitas, mulherada e nunca frequentou nenhum lugar suspeito. É um menino de ouro, esse meu filho — declarou a mãe, com certeza absoluta sobre a conduta ilibada de Erasmino.

— Bem, minha amiga, se você quer um conselho, acho

mesmo que você deveria consultar um psicólogo. Se quiser, eu vou junto. Imagina, eu falar com minhas amigas que fui a um psicólogo? Elas vão morrer de inveja! Isso é coisa de novela.

Depois de se remexer toda, levantando-se e fazendo mesuras como se fosse a pessoa mais chique do mundo, Ione anunciou:

— Eu vou com você. Está decidido!

— Mas, Ione, eu nem pensei direito no assunto...

— Não precisa pensar, mulher. Eu já pensei por você e tomei a decisão. Até amanhã eu dou um jeito. Vá por mim. Eu sei o que é bom pra você e seu filho. Eu nunca me engano. Acredite...

No outro dia, Ione, depois de ficar horas ao telefone obtendo informações de uma amiga e outra, conseguiu marcar a consulta com um psicólogo. Só assim, definindo pela amiga o que era melhor pra ela, Ione se sentiu satisfeita e se aquietou.

— Se o psicólogo não funcionar, eu levarei Niquita e o filho à minha mãe de santo. De um jeito ou de outro eu, resolvo tudo pra ela. Uma coisa ou outra dará certo.

Após ligar para mais duas amigas falando que ia a um

psicólogo, comentou sozinha novamente, em voz alta:

— Ai, meu Deus! Vou ficar famosa igual às atrizes da novela Coração Alado. Talvez, até, a Janete Clair me convide para participar de uma cena da novela.

Respirando fundo, complementou, dando uma volta em torno do próprio corpo, com a mão direita na cintura:

— Ai!... Meu sonho é fazer o papel da Maria Faz Favor da novela. Acho que, depois de eu falar para todas as amigas que vou a um psicólogo, logo, logo eu chego no topo. Vou ser chique, vou fazer fama!

Dois dias depois desses eventos, as duas amigas estavam a caminho do psicólogo. Pegaram o ônibus lotado. Ione colocou a melhor roupa que tinha, como se fosse ver o papa em pessoa. Enquanto isso, Niquita estava nervosíssima. Ainda pensava que psicólogo era coisa para louco ou para "consertar veado", conforme ela fora ensinada e sempre acreditara piamente. Mas estava disposta a tudo para ajudar o filho. Valia qualquer coisa, até feitiçaria.

— Doutor — começou a falar, enquanto Ione se ajeitava toda numa poltrona ao lado, quase se insinuando para o homem atrás da mesa do consultório —, meu filho é um caso sério, doutor.

— Conte-me o que está acontecendo para que eu possa ajudar.

— Erasmino está vivendo um momento difícil na vida dele. É um rapaz honesto, bom filho e não é homem rapariguei-ro, doutor, diferente de todos os rapazes desse mundo. Nunca mexeu com drogas e nunca tomou remédio para a cabeça.

— Então, o que a incomoda em seu filho, minha senhora?

— Bem, doutor... — mal iniciou a frase e foi interrompi-da pela amiga.

— O filho dela vê gente e ouve vozes, seu doutor — interferiu Ione, sem ser convidada. — Niquita está com medo de falar, mas, no fundo, no fundo, ela tem medo do filho estar ficando louco, doutor.

O psicólogo olhou para Ione com um olhar reprovador. Ela esboçou um sorriso nos lábios, como se ele estivesse correspondendo ao seu galanteio.

— Desculpe minha amiga, doutor, mas foi ela quem me ajudou a descobrir o senhor. Bem, Erasmino acorda várias noites por semana banhado em suor. Além disso, ele fica muitas vezes parado, com o olhar fixo, como se estivesse vendo alguma coisa, alguém ou sei lá o quê. E ele não era assim até pouco tempo atrás...

— Mas, me desculpe, minha senhora: ainda não perguntou a seu filho o que está havendo? Talvez ele próprio possa lhe esclarecer sobre o que o incomoda.

— Tenho medo, seu doutor. Tenho medo, mesmo.

— Mas medo de quê? A senhora não quer ajudar seu filho?

— Querer eu quero, doutor, mas não sei como. E perguntar a ele... Eu temo que ele desconfie que eu acho que ele está enlouquecendo.

— E não é isso que a senhora está pensando?

Niquita olhou para a amiga sem saber o que responder ao psicólogo.

— Bem, minha senhora... D. Niquita, não é mesmo?

— Niquita da Conceição Abrantes Nonato. Prazer, seu doutor — estendeu a mão direita para o psicólogo, num gesto puramente instintivo.

O psicólogo quis rir da atitude matuta da mulher.

— Pois bem, D. Niquita, eu asseguro que a situação pode até parecer uma crise psicótica, mas, para dar um diagnóstico preciso, devo conversar pessoalmente com seu filho. Não há como se ter uma ideia do que está ocorrendo com ele apenas através da sua interpretação; é necessário falar com ele.

— Ele jamais virá aqui, doutor. Conheço meu Erasmino. Ele não aceitaria vir a um psicólogo. Jamais!

— Mas não tem outra forma de eu ajudar, minha senhora.

— Não tem como o senhor me ensinar alguma coisa ou passar um remédio para eu dar para ele escondido? Talvez colocar na água que ele bebe?

— Ensinar? Dar um remédio? Será que a senhora conhece sobre como nós, psicólogos, trabalhamos? Não prescrevemos remédios, D. Niquita. Preciso mesmo falar com seu filho, não há outra maneira.

— Mas, doutor...

— Vamos embora, minha amiga. Ele não vai ajudar em nada — falou Ione, levantando-se inconformada.

— Espere aí, minha senhora — falou o psicólogo. — Por favor, não trate o seu filho como louco. Diga a ele que a senhora conhece um psicólogo, apenas isso. Caso ele queira vir aqui, o atenderei com o máximo prazer. Se deseja ajudá-lo, faça o possível para ele vir aqui. A partir daí, me viro com ele.

— Esse médico não vale é de nada! — comentou Niquita para Ione, confundindo psicólogo com médico. — Gastei meu dinheiro à toa e não resolveu nada.

Ione permaneceu calada, pois fora ela quem indicara o psicólogo à amiga.

Mesmo achando que o psicólogo não servira para nada, Niquita arriscou falar com o filho a respeito; e Erasmino teve uma reação muito diferente da que sua mãe esperava.

— Tenho me sentido muito estranha ultimamente, meu filho. Muito, mesmo.

— Estranha como, mãe? Parece que coisas esquisitas fazem parte do histórico de nossa família.

— Sei lá, umas coisas da cabeça... Por isso procurei um médico, sabe? Um psicólogo, para me ajudar.

— Então minha mãe está ficando moderninha assim? Deve estar vendo novela demais, não é, minha mãe? — disse Erasmino, brincando com a velha.

— Foi minha amiga Ione quem me indicou. Ela disse que é chique a gente ir ao psicólogo. A princípio, pensei ser médico de louco, mas ela me convenceu a ir.

— E o que ele falou de suas esquisitices, mãe? Receitou ver mais novelas?

— Não brinca com sua mãe, menino!

Rindo, Erasmino abraçou a velha mãe como a uma amiga íntima.

— Ah! Mãe, você sabe que eu também estou precisando procurar um psicólogo. Só não sei a quem procurar.

Pensava em como sugerir ao filho, ao mesmo tempo em que, intimamente, desconfiava de que o tal psicólogo não resolveria nada da situação dele. Não obstante, arriscou. Quem sabe?

— Pois bem, meu filho. Tenho aqui o nome dele e o endereço. Acho que talvez você pudesse ligar para ele e ter uma conversa. Vai que serve para você também, né?

Erasmino pegou a informação no papel e a anotou numa caderneta. Mais tarde veria o que fazer com a indicação da mãe. Antes que saísse, porém, um vulto cruzou a porta da sala para a cozinha. Erasmino arrepiou-se todo, novamente. Isso foi o suficiente para fazer com ele se decidisse.

Ao retornar à sala para se despedir da mãe, comentou com ela:

— Sabe, mãe, acho que estou sendo vítima de boicote no meu trabalho.

— Como assim, meu filho? Você é um homem bom, dedicado e nunca teve inimigos!

— Pois é, minha mãe. Reze por mim. Acho que tem um complô de alguns colegas. Tenho a sensação muito forte de que estão preparando algo contra mim, na surdina. Já há mais de um mês que venho tendo esses pressentimentos. É algo tão real e palpável, que não estou me sentindo muito bem na seção onde trabalho.

— Você tem de ter mais cuidado, meu filho. Tem de aprender a se benzer. Inveja é coisa que atrapalha tanto a vida das pessoas que pode causar danos enormes. É uma coisa do diabo essa tal de inveja.

— E olhe que tento o tempo todo agradar a todos; tenho feito a minha parte como nunca. Mesmo assim, as pessoas parecem ficar conversando sobre mim, pelos cantos. Tenho certeza de que estão aprontando alguma... Agora, além dos problemas de algum tempo, surge esse novo desafio. Estou me isolando pouco a pouco dos colegas. Não consigo conviver com perseguição gratuita a ninguém, acontecendo comigo, então...

— Você tem certeza disso, meu filho? Por que não conversa com seu superior, seu chefe?

— O pior é que eu sou o chefe da seção, mãe. Não tenho com quem conversar. Mas tenho certeza de que é inveja, mesmo. Ninguém esperava que eu fosse promovido a chefe de toda aquela turma. Por isso, acredito que estão me perseguindo, talvez para eu desistir e pedir para ser transferido.

— Mas você não está feliz com seu trabalho, meu filho?

— Feliz, feliz, não, minha mãe. Têm ocorrido coisas comigo que me deixam preocupado. Coisas da cabeça, como diria a senhora...

— Então você precisa procurar urgente este tal psicólogo. Talvez você possa conversar com ele e ter alguma ideia sobre como conduzir as coisas no trabalho.

— Se é que terá algum jeito! Mas prometo que hoje mesmo vou telefonar para o tal psicólogo — e beijou sua mãe, saindo em seguida, rumo ao trabalho.

Do outro lado da membrana psíquica que separa as dimensões, vultos estranhos acompanhavam Erasmino, interessados em seu histórico pessoal. Entidades sombrias observavam. Olhos amarelecidos, pareciam sondar na escuridão daquela dimensão astral.

— Ele não precisa de nós para ser destruído — grasnava um ser esquelético para outro semelhante.

— Parece que, em pouco tempo, especializou-se em autodestruição. Além de perceber-nos a presença vez ou outra, vê fantasmas até onde não existem.

E deram estrondosa gargalhada.

— Poupa-nos o tempo e o desgaste, pensando por essas trilhas de pensamento desgovernado. O miserável está entrando numa situação tão complexa emocional e psiquicamente que, em breve, teremos de nos aposentar, sem ter o que fazer. Ele faz o estrago em si próprio, o mesmo estrago que nós deveríamos fazer.

Erasmino marcou a consulta e lá compareceu, pelo menos, mais umas três vezes. O caso era conduzido com o máximo de recursos de que dispunha o terapeuta, porém...

— Queria fazer uma sugestão para você, Erasmino. Um tratamento nada convencional, mas que se trata de algo em andamento, a respeito do qual já existem muitas pesquisas, desenvolvidas com sucesso.

— Então você acha que meu caso não tem cura através dos métodos convencionais? É coisa grave, doutor? Estarei ficando louco, mesmo?

— Não é isso, meu rapaz. Mas existem ferramentas muito eficazes e que melhoram muito a resposta ao tratamento psicológico. Já ouviu falar em hipnose?

— Já ouvi, doutor. Mas isso é verdade, então? Funciona? Sempre pensei que se tratasse de charlatanismo.

— Bem, existem diversas formas de hipnose. Tanto a de palco quanto a outra, com fins terapêuticos, à qual me refiro. Eu mesmo fiz um curso nos Estados Unidos e aqui no Brasil já existem excelentes profissionais se dedicando a pesquisas sérias sobre o assunto. Caso se sinta à vontade, podemos tentar algo assim. Mas só se você realmente quiser. De qualquer forma, a hipnose não é uma panaceia e, como qualquer outra técnica terapêutica, tem lá suas limitações. Embora as pesquisas da atualidade estejam ainda limitadas pela descrença da maior parte da comunidade científica, o processo hipnótico tem demonstrado ser um excelente instrumento de abordagem da mente, principalmente, para casos como o seu; assim como para diminuir a dependência de medicamentos e as recaídas nos problemas de origem psíquica.

Depois de muito pensar e ler algumas matérias a respeito, Erasmino resolveu aceitar a proposta do psicólogo para uma imersão na memória através da hipnose. Embora, naqueles anos, a matéria ainda estivesse sob intensa controvérsia e as pesquisas fossem tidas como não conclusivas, o terapeuta conseguiu convencer Eron a experimentar a nova ferramenta, sob o argumento de que muito poderia auxiliar em seu processo. A hipótese do psicólogo era que o cliente vivia um surto psicótico que fazia com que ouvisse vozes, visse vultos e outras coisas mais. Não dispunha de muitos recursos mais para o caso de Erasmino. Já na terceira sessão, percebera que o método convencional não funcionaria com o rapaz, por isso propôs a técnica inovadora. Marcaram nova sessão e, decorridas algumas semanas, depois de algumas conversas explicando a Erasmino o funcionamento do processo terapêutico a ser adotado, encontraram-se no consultório, no ultimo horário; afinal, não poderiam prever quanto tempo demorariam na abordagem do problema apresentado por Erasmino.

Enquanto isso, o rapaz enfrentava cada dia mais problemas de ordem desconhecida para ele. Os vultos agora apareciam no escritório e a sensação de que era perseguido aumentara sobremaneira. Sempre — acreditava piamente — havia alguém mancomunando contra ele. Em todo lugar, sentia-se vítima de perseguição. Havia decidido, também, procurar um psiquiatra, que lhe receitara medicação para dormir e antidepressivos. Esses medicamentos, porém, não estavam resolvendo. Daí que, tentar algo diferente, mas que não lhe causaria dependência, seria muito melhor, segundo avaliara.

— Deite-se na cama, Erasmino — começou o psicólogo. — Vamos começar com um leve relaxamento.

Colocou uma fita cassete para tocar uma música que infernizou a mente do rapaz. Logo ele pediu ao psicólogo que a interrompesse, pois detestava músicas daquele tipo; preferia tentar a hipnose em silêncio. Como se não bastasse, antes que o som fosse desligado, a fita cassete agarrou no aparelho, causando um som típico que deixou o cliente ainda mais impaciente. O barulho foi resolvido somente quando o psicólogo arrancou o cassete sem nenhuma delicadeza, causando um estrago muito grande. A fita magnética entrou para dentro do toca-fitas, deixando boa parte para fora do cassete. O psicólogo logo desistiu e desligou o aparelho de vez, sentindo-se irritado.

Erasmino deitou-se o mais confortável que pôde no divã improvisado, enquanto o terapeuta sentava-se, confortavelmente, ao seu lado.

— Tente liberar sua mente das preocupações do dia a dia. Você deve ficar o mais relaxado possível.

— Como, doutor? — perguntou Eron.

— Apenas ouça minha voz e meu comando. E só fale quando eu pedir.

Erasmino tentou obedecer.

— Pense numa situação ou num local onde você tenha conseguido se sentir bastante relaxado. Aprofunde o pensamento neste lugar e sinta-se cada vez mais tranquilo. Respire longa e pausadamente — conduzia o psicólogo com voz monocórdia.

— Que porre! — pensou Erasmino, considerando que acabaria por dormir com aquela ladainha do terapeuta. Tentou fixar a atenção nas palavras do homem a seu lado.

Algo insuspeito acontecia para além da delicada membrana psíquica que separa as dimensões da vida. Dois corvos em forma humana, ou melhor, dois espíritos que mais lembravam corvos, tão retorcida era sua aparência, observavam os dois homens no consultório que, nem de longe, podiam suspeitar do que se passava ao lado deles, bem ali, porém, em outra dimensão. Uma das entidades aproximou-se, fixando diretamente sobre a cabeça de Erasmino, medindo-o com interesse.

Tão logo Eron entrou numa espécie de semitranse, um estado alterado de consciência, viu-se fora do corpo. Mas não era uma visão tão clara e lúcida. Parecia envolto em uma neblina, uma espécie de gás, e, em meio a tudo isso, uma figura, um ser estranho o observava de perto. Havia outro e mais outros por ali. Embora não os pudesse distinguir com tanta nitidez, os pressentia tão intensamente que não poderia se enganar quanto à presença das entidades.

— Que está vendo, Erasmino? Fale a primeira coisa que vier à sua cabeça.

— Nuvens, vapores, gente diferente... nada mais.

— Que tipo de gente você vê? Me descreva, por favor — estimulou o psicólogo.

— Não sei! Não os conheço.

— Tente se aproximar dessas pessoas.

— Tenho medo — respondeu Erasmino, visivelmente suando e levemente trêmulo, ainda que antes não acreditasse que o transe hipnótico fosse possível.

— Enfrente seu medo, rapaz. É preciso aproximar-se e sentir essas pessoas o mais próximo possível de você.

— Não! São perigosas — respondeu Erasmino, em um transe mais e mais profundo.

— Ouça-me, Erasmino. Você não está só. Ouça a minha voz! Obedeça-me e vá ao encontro dessas pessoas. Quero saber quem são... — o psicólogo foi enfático, não deixando espaço para outra reação do rapaz.

Houve silêncio por alguns momentos. Erasmino suava,

emitia sussurros pela boca e tremia eventualmente.

— Erasmino, o que você vê? Quem são essas pessoas? — voltou a indagar o terapeuta.

O silêncio prosseguiu e Erasmino mexia-se todo sobre a cama, tremendo muito. Parecia prestes a ter um surto.

— Acalme-se, Erasmino. Você está seguro. Acalme-se e me descreva o que vê.

Nada de responder, a princípio. Somente depois de alguns segundos, a voz do rapaz se fez ouvir, tendo se modificado por completo:

— Erasmino não está mais aqui — falou uma voz gutural, rouca e grave ao mesmo tempo.

O terapeuta não esperava por isso. Arrepiou-se diante do inusitado. Nunca tivera uma experiência de dupla personalidade, como deduzia ser aquela, numa sessão de hipnose.

— Quem está aí? Qual o seu nome? — tratou a situação como se fosse uma nova personalidade de Erasmino a se manifestar.

— Não sou quem você pensa.

— Como você sabe o que eu penso?

A voz deu uma tenebrosa gargalhada. Novamente o terapeuta arrepiou-se, porém, ainda convicto de que se tratava do próprio Erasmino.

— Você é um idiota — respondeu a voz através de Erasmino. — Pensa que tem resposta para tudo, mas nunca viu nada semelhante a mim. Nem acreditaria numa hipótese diferente das que leu em seus livros ultrapassados.

O terapeuta começou a duvidar de suas teorias.

— Você está se escondendo atrás da sua profissão — continuava a voz pela boca de Erasmino, que transpirava e tremia bastante enquanto falava. — Você matou sua avó e depois abandonou sua mãe até ela definhar e morrer.

O psicólogo levantou-se num átimo, respirando fundo. Definitivamente, não era Erasmino quem falava.

Ainda gargalhando, a voz que saía da boca do rapaz continuou, sem se mover, muito além dos limites da cama:

— Sua avó e sua mãe estão aqui. Ela é uma gracinha, sua avó — disse com sarcasmo a voz até então não identificada. — Veja a velha, miserável! Ela está roxa e disse que foi sufocada por você...

Enquanto o psicólogo não sabia como reagir e o que fazer para rebater as acusações acerca de fatos que ninguém conhecia, a não ser ele próprio, a entidade que assumira Erasmino prosseguia, sem dar mostras de que iria parar:

— Ela está contando sobre o dinheiro que você andava atrás. Ela deixou tudo para o outro neto e você morre de raiva e, também, de remorso pelo que fez.

— Erasmino, volte a acordar agora! — gritava o homem, nervoso e suando, já sem dominar suas próprias emoções. — Volte ao meu comando!... — e gesticulava, dando ordem hipnótica para o rapaz retomar a consciência.

— Erasmino não está aqui! — o espírito modificou imediatamente o tom de voz ficando muito mais sério e agressivo. — Ele está em um lugar onde você nunca poderá acessá-lo. Você não tem força moral para me tirar daqui nem para trazer Erasmino de volta — e ameaçou levantar-se, mas parecia amarrado, detido, de alguma maneira ignorada pelo psicólogo, sobre aquela cama. Algo o prendia magneticamente ali. Vendo o esforço do ser cuja existência não compreendia, e tampouco aceitava, embora a temesse, o terapeuta pareceu adquirir uma força inesperada e disse com mais ênfase e propriedade:

— Erasmino! Ouça a minha voz. Ouça o meu comando. Assuma seu corpo, volte à consciência agora!

Uma risada irônica cortou aquele ambiente.

— Volte à consciência, Erasmino! Eu o ordeno!

O rapaz sobre o leito pareceu se movimentar um pouco mais e um tremor perpassou todo o seu corpo. Aos poucos, a voz grave que saía da boca de Erasmino foi sendo substituída pela voz pausada dele, o dono do corpo. Suado, ele levantou--se, escorando-se sobre o braço, respiração ofegante, e perguntou, sem saber o que havia ocorrido:

— Falhou, não é doutor?

Bastante cansado, sem saber dos acontecimentos, Erasmino arrematou:

— Eu sabia que não funcionaria comigo. Eu não acredito nessas coisas. Me desculpe, doutor — foi falando, enquanto se levantava com alguma dificuldade. — Me desculpe, mas acho que dormi e até ouvi meu próprio ronco. Não quero me submeter a esse tipo de terapia. É perda de tempo para mim.

O psicólogo não sabia o que lhe dizer. Estava exausto e com um medo paralisante. Além de não saber explicar o que ocorrera, apavorava-o a ideia de que Erasmino, ao retomar a consciência, porventura se recordasse das revelações ouvidas ali. Sem mais delongas, despediu o rapaz, dizendo que mais tarde telefonaria a fim de marcar nova conversa. Erasmino partiu, após tomar um copo d'água e recompor-se por alguns instantes na sala de espera.

No outro dia, D. Niquita recebeu um telefonema do psicólogo:

— Desculpe incomodá-la, D. Niquita, mas eu tenho de falar com a senhora sobre seu filho. O caso dele não é para a psicologia. A ciência, como a conheço, não poderá ajudar seu filho ou a senhora. Acho que terá de buscar ajuda espiritual.

— Mas, doutor...

— Desculpe, D. Niquita, mas, além disso, terei de me ausentar da cidade por uns meses e não poderei atendê-la por ora — e logo desligou o telefone, deixando a mulher do outro lado estupefata, boquiaberta, segurando o telefone, sem entender nada.

5
OLHOS DE UM OUTRO MUNDO

ONE ERA uma mulher valente, guerreira, lutadora. Mudara-se para perto da casa de Niquita depois de muito penar de um bairro a outro, na periferia de São Paulo. Vivera quase toda a sua vida entre as zonas Leste e Norte da capital. Era a primeira vez, depois de anos de lutas e um emprego aqui e outro ali, que conseguira alugar uma casa mais decente. Viúva, morara com o único filho durante anos; mas ele, há pouco tempo, mudara-se, pois conseguira uma colocação no interior do Rio de Janeiro. Porém, já estava preparando os papéis para uma possível transferência para São Paulo, a fim de voltar a morar com a mãe.

— Sabe, Niquita, meu filho é um presente de Deus em minha vida. Nem sei o que seria de mim sem a força que ele me dá.

— Os filhos, minha amiga, são aquela promessa de Deus se cumprindo em nossas vidas. Eu que o diga.

— O Igor, meu filho — iniciou a sua história —, assumiu toda a responsabilidade da casa após a morte do Alfredo, meu marido.

— Você nunca falou do seu Alfredo, Ione. Creio que é a primeira vez que você menciona seu marido para mim.

— Pois é... É que as coisas não foram fáceis para nós durante a doença dele. Ele era caminhoneiro e vivia de um lugar para outro, sempre viajando. Igor, pobrezinho, estava sempre em busca de um trabalho decente, melhor, mas com nossa dificuldade, ele não tinha como estudar para conseguir um emprego assim. Vivia dividido entre a ideia de se casar e a de amparar a família. Um dia, Alfredo voltou para casa muito ruim da saúde; pálido, sentindo dores, quase desfaleceu na porta de casa. Por pouco não aconteceu um acidente com ele devido ao mal-estar que sentiu, aparentemente, de um momento para outro.

— E era coisa ruim, minha amiga?

Ione olhava a amiga recente com os olhos cheios de lágrimas, lembrando os dias amargos que passara.

— Então... A princípio, a gente pensava se tratar apenas de um probleminha de saúde qualquer. Alfredo se recusava a ir ao médico, pois nunca confiara neles, nem em exames e coisas desse tipo.

— Entendo, Ione — respondeu Niquita, apoiando a dificuldade da amiga em relação aos médicos e à medicina. — Eu também nunca confiei nessa gente de branco. Enfim, nem sei como falar da minha dificuldade pessoal com os médicos em geral.

— No caso de Alfredo, minha amiga, ele demorou demais a procurar o médico. O seu mal aumentava a cada dia; as dores na coluna pareciam cada vez mais fortes. Foi só por pura insistência do Igor que ele, finalmente, procurou um médico, indicado por uma vizinha nossa na época. Como ele ficava cada dia mais fraco, chegamos a pensar que fosse anemia, por causa dos longos períodos fora de casa, sem se alimentar direito. Pensamos, também, que as dores na coluna fossem resultado das horas e dias sentado na boleia do caminhão, por este Brasil afora.

— E era o quê, afinal?

— Era câncer, minha amiga. Na verdade, o Alfredo escondia a doença havia algum tempo já, sem que a gente desconfiasse. O câncer foi corroendo ele todo. Quando finalmente o forçamos a ir ao médico, já estava em grau avançado.

— E como vocês fizeram? E o tratamento? Os médicos não puderam controlar?

— Que nada, Niquita... Que nada — respondeu a mulher, nitidamente emocionada, lembrando-se das dificuldades que enfrentara com o marido e o filho.

— Ainda bem que, na ocasião, o Igor já havia passado nos exames do Exército. Aí, ele conseguiu colocar o pai e eu como dependentes dele, e o plano de saúde cobriu parte dos gastos. Mas foi uma tormenta para todos nós. Nem quero me lembrar.

— Ah! Minha amiga... — tornou a falar Niquita para a vizinha. — Não precisa contar. Deixa isso pra outra ocasião. Vamos mudar de assunto. Me fale do seu filhão, vamos lá...

Recompondo-se diante da emoção ao recordar o marido, Ione começou a falar a respeito do filho:

— Igor é um menino de ouro, igual ao seu Erasmino. Aliás, acho que os dois poderiam se conhecer qualquer dia, né, minha amiga? O Igor agora já subiu de posto e pôde alugar essa casa aqui para nós. Ele irá voltar, em breve, para São Paulo e aí ficaremos juntos de novo.

— Então ele vai abandonar o trabalho no Rio de Janeiro?

— Claro que não, Niquita! Deus me livre disso — bateu com o punho três vezes na borda da cadeira. — O Igor já é segundo sargento e daqui a pouco vai se tornar subtenente, se

Deus quiser. Um posto alto, de gente inteligente, minha amiga. E o salário, oh!... — fez uma mesura com a mão.

— Eu não sabia que um sargento ganhava tanto assim.

— Confesso que eu também não sabia, minha amiga. Mas todo mês o meu filhão aparece com um dinheirinho a mais do que eu esperava. E ele está para ser transferido aqui para São Paulo, em breve, segundo me contou.

— O meu Erasmino também está numa fase boa no trabalho. O que me preocupa mesmo são certas coisas que parecem estar acontecendo com ele.

— Ele ainda não melhorou, o seu menino?

— Então... Na verdade, Ione, o psicólogo dele parece ter se mudado de São Paulo, ou coisa assim. Ele me disse que ligaria quando que retornasse à cidade. Mas, por isso, Erasmino interrompeu o acompanhamento que estava fazendo. Mas ainda parece meio estranho. Agora, ele está caladão demais para o meu gosto.

— Vai ver não quer te incomodar com as questões dele. O meu Igor também é do mesmo jeito. Fica calado quanto a tudo que faz no trabalho dele. Pergunto, pergunto, mas nada.

Ele diz apenas para eu não me preocupar, que está dando jeito em tudo.

— Ah! Esses filhos que Deus nos deu, não é, minha amiga querida?

— Pois é, querida. Ai de nós se não fossem eles. Mas você tem de ajudar seu Erasmino. Acho que a gente ainda pode dar um jeito, sem o incomodar.

Niquita olhou pelo ambiente enquanto a amiga se levantava para buscar um refrigerante, deixando um certo quê de curiosidade quanto ao que dissera. Sobre a estante, reparou uns livros estranhos. Niquita olhou em direção à cozinha e, vendo que a amiga demoraria um pouco, levantou-se e pegou um dos livros:

— Meu Deus! Minha amiga é macumbeira! Ela lê este tipo de livro — comentou baixinho para si mesma, enquanto folheava um e outro livro.

— Você gosta de ler também, Niquita? — a amiga a pegou de surpresa, folheando determinado livro, despercebida. — Este livro aí é maravilhoso. É um romance espiritual. Lindo, lindo. Fala sobre a reencarnação de duas almas gêmeas.

— Não gosto muito de ler, minha amiga. Tenho problema nos olhos — falou, apontando com um dedo o olho direito. — Além do mais, ler me dá o maior sono. Acho muito difícil concentrar minha atenção neste tanto de letrinha, sem nenhuma figura.

Ione riu, enquanto entregava o refrigerante à amiga e colocava alguns quitutes sobre a mesa.

— Mas você gosta de coisas assim, Ione?

— Que coisas, minha amiga?

— Coisas de espírito, de macumba...

Ione riu novamente, agora da ingenuidade da amiga.

— Olha, eu nem te conto, Niquita. Ai de mim se não fossem estes livros. Você sabia que eu sou médium?

— Você é *média*? — retrucou a amiga, assustada com a revelação de Ione.

— *Médium*, minha amiga, *médium*! E de berço...

— De berço? — Niquita não entendeu a explicação da amiga.

— De berço, minha amiga.

Niquita não entendia direito sobre essas coisas ligadas a

mediunidade, espírito e tudo o mais. Antes que as duas prosseguissem, um rapaz entrou na sala onde se encontravam.

— Mãe, podia me ajudar com essas coisas aqui? — era Igor, que passava alguns dias com a mãe. — Ah! Desculpe! Não sabia que estava com visita.

— Meu filho, Igor, Niquita! Este é o filho sargento do qual lhe falei — apresentou o filho toda empertigada, como se ele ocupasse o cargo de presidente de alguma companhia internacional.

— Prazer, minha senhora!

— Que rapaz bonito, Ione! É um prazer, meu filho — disse Niquita, cumprimentando o rapaz. — Desculpe chamá-lo de meu filho, mas você tem a idade do meu, por isso a liberdade.

Igor ficou um pouco sem graça.

— Bem, podem continuar sua conversa; eu mesmo dou um jeito aqui — falou para a mãe, logo após cumprimentar Niquita.

— Igor, minha amiga aqui, a Niquita, tem um filho que eu gostaria de apresentar a você. Talvez você possa conversar com ele e ajudá-lo.

— Que é isso, Ione? — falou a vizinha, constrangida. — Não precisa incomodar o seu filho. Além do mais, o Erasmino está melhorando pouco a pouco.

— Se eu puder fazer alguma coisa para ajudar, conte comigo, senhora!

— Ora, mesmo que Erasmino não precise de uma ajuda especializada, acredito que sua amizade será muito boa para meu filho. Ele precisa muito se enturmar, arranjar novos amigos. Ele está numa fase em que tem se isolado demais das pessoas. Quem sabe?...

— Então, ficamos assim: depois a senhora, ou minha mãe, me apresentam o rapaz. Hoje eu não poderei, pois tenho de arrumar algumas coisas aqui em casa — ressaltou Igor. — A senhora sabe, né? Sou o homem da casa e preciso organizar certas coisas para minha mãe — falou, beijando Ione na testa.

— Fique à vontade, meu rapaz! — respondeu Niquita. — Eu entendo perfeitamente. Obrigada!

Igor saiu do ambiente, deixando as duas sozinhas outra vez. Elas se entreolharam.

— Donde já se viu, Ione? Incomodar seu filho por causa do Erasmino e dos problemas lá de casa?

— Ah! Minha amiga! Você nem imagina como meu filho tem uma história de vida que poderá auxiliar muito o seu Erasmino. Você nem imagina...

— Ai, não me diga que ele é médium, também? — falou se benzendo, fazendo o sinal da cruz. — Me conta, mulher; me conta! Não me deixa na curiosidade...

Ione revirou os olhos como se estivesse de posse de um grande segredo, algo muito, muito importante, e as duas saíram para o quintal tão empolgadas e falando tanto que mais de três horas se passaram sem que percebessem.

Depois de muito conversarem, alguns dias depois, Erasmino, enfim, foi apresentado a Igor.

Niquita, Erasmino e Igor se encontraram, certo dia, à porta do supermercado mais próximo de casa. Na ocasião, Niquita combinara de encontrar com o filho antes que ele fosse para casa, auxiliando-o a levar as compras. Na mesma hora em que Igor entrava para comprar alguma coisa. Os dois vizinhos foram apresentados e acabaram marcando uma rodada de cerveja, após o jogo de determinado time de futebol para o qual ambos torciam. Depois de muita gritaria em torno da partida e da atuação do time, que acabou perdendo o jogo, resolveram ir a um bar conversar.

— Não se preocupe com os excessos de minha mãe. Ela ficou muito abalada com a perda do meu pai e, desde então, tenta de algum jeito se apoiar em mim — falou Igor para Erasmino, que não gostava muito do jeito de Ione, evitando-a o quanto podia. — Mamãe é do tipo que adora novelas e, ao longo do tempo, criou um mito em torno do filho militar, como se eu ocupasse o cargo mais importante do mundo.

— Acho que as mães acabam, de alguma maneira, supervalorizando os filhos — reagiu Erasmino ao comentário do rapaz.

— Minha mãe ignora por completo o tipo de trabalho que eu realizo; apenas se contenta em saber que sou militar. O resto corre por conta da imaginação dela — acentuou Igor. — Mas, me conte, o que você faz da vida? Trabalha em quê?

Erasmino, após tomar um pouco da cerveja geladíssima, animou-se a se apresentar mais detidamente:

— Trabalho numa repartição na Av. Paulista, ligada ao Ministério Público, aqui em São Paulo. Até pouco tempo atrás, trabalhava em um prédio próximo à Rua Consolação, mas, depois de algum tempo me dedicando muito ao dia a dia tumultuado do departamento, fui promovido, embora essa promoção me tenha pegado de surpresa.

— Mas está numa situação mais confortável hoje, satisfeito com a posição que conquistou, certo?

— Então... Sabe que às vezes me pego imaginando que não conquistei nada? Me parece que as coisas foram arranjadas de alguma maneira que não compreendo. Em alguns momentos, fico com certo receio, um medo mesmo, de perder a posição que ocupo. É como se houvesse inimigos me rondando, se escondendo em todo lugar, mas, principalmente, dentro do departamento onde trabalho. Tem sido algo muito incômodo para mim.

— Mas foi uma conquista de qualquer forma, não acha? — argumentava o novo amigo. — Suponho que ninguém seja promovido assim, de uma hora para outra. Com certeza algum superior o vinha observando durante certo tempo...

— Pode até ser; mas, no fundo, no fundo, Igor, o que deduzo é que não estou satisfeito com a minha própria vida. Sinto que algo me incomoda profundamente, e não sei precisar bem o que é. Talvez, por isso, eu projete essa insatisfação no meu trabalho e em tudo o mais em minha vida.

— Até parece um psicólogo ou um psiquiatra falando... — riu o companheiro de bar.

— É engraçado que mencione, porque eu até fiz terapia por algum tempo... — sorriu Erasmino. — Talvez eu tenha tomado emprestadas as palavras do meu psicólogo, em nossa conversa. Desculpe, acabo fazendo isso de vez em quando.

Os dois se distraíam bebendo cerveja, enquanto observavam algumas garotas passarem tagarelando à frente de todos ali, naquele burburinho. Decorrido algum tempo, como que sacando algo da cartola, Igor se pronunciou, de modo imprevisto:

— Essa insatisfação sua é de origem espiritual, meu amigo; não é nada de ordem psicológica.

Erasmino foi pego de surpresa com o comentário de Igor e logo se lembrou da irmã e da mãe, mas principalmente da irmã, Sofia, que teimava em falar com ele sobre coisas ligadas a espiritualidade.

Olhando para Igor de soslaio, procurou disfarçar a própria surpresa e dar a entender que tudo lhe era absolutamente normal.

— Você mexe com coisas de espírito ou algo assim? É religioso? — perguntou Erasmino.

Igor, demonstrando que a conversa sobre o assunto era absolutamente normal para ele, nem se deu conta de que estava decididamente mudando de foco, uma vez que foram ali tão somente para se divertir.

— Não, não sou religioso coisa nenhuma — respondeu, rindo disfarçadamente. — Mas minha mãe é muito mística e, sobretudo depois da morte do meu pai, anda lendo muito sobre o assunto.

— Ué! Então não entendi a sua observação quando me diz que a origem de minha insatisfação é espiritual...

Novamente as garotas chamaram-lhes a atenção; novas risadas, paqueras e troca de olhares levaram a crer, por certo tempo, que a conversa terminaria ali. Repentinamente, Igor continuou, após a pausa não programada:

— É o seguinte — retomou, enquanto olhava insistentemente uma garota que passava com um decote revelador. —

Eu tenho algumas habilidades com o ser humano, meu amigo. Umas coisas esquisitas, embora eu nunca tenha procurado por essas coisas de centro espírita, ou de qualquer outra religião, para tratar do assunto. Prefiro me manter longe disso tudo; afinal, meu trabalho me consome e tenho medo dessas esquisitices se transformarem em um compromisso. E eu estou correndo de qualquer tipo de compromisso.

Visivelmente interessado, Erasmino procurou se informar:

— Que tipo de esquisitice? — e antes que o seu interlocutor respondesse, ele acrescentou uma observação. — Acho que todos nós temos algo estranho que gostaríamos de evitar discutir. Sinta-se à vontade, se for esse o caso. Sei muito bem o que é isso e também evito falar de minhas esquisitices pessoais. Elas me incomodam à beça.

Igor refletiu durante um tempo, antes de se manifestar. Talvez procurasse as palavras certas, acautelando-se com a nova a relação de amizade, ou quem sabe, simplesmente, não quisesse mesmo que a conversa corresse por aquele viés.

— Como lhe disse, tenho um dom, uma habilidade, como queira — principiou, fitando o rapaz a seu lado, de maneira rápida, porém, o suficiente para entrar em contato com seu psiquismo, pelo menos de maneira superficial, e dar mostras do que falava. — Você anda vendo vultos e tem a impressão de que ouve vozes. Isso não é loucura sua, embora possa levar a isso, caso você não se resolva com essa sua esquisitice.

Com efeito, Erasmino assustou-se com a revelação inusitada por parte do rapaz com quem nunca havia conversado. Encarou-o de olhos arregalados, ao escutar aquelas palavras.

— Bem, você me perguntou sobre minha esquisitice — comentou Igor, tentando se esquivar do olhar de Erasmino. — Estou demonstrando em vez de explicar. Dessa forma, também poupo você de ter de mencionar sua esquisitice pessoal.

— Você lê pensamentos?

Igor riu gostosamente da ingenuidade e da falta de conhecimento de Erasmino.

— Desculpe, Erasmino, desculpe minha risada. Não é isso. É algo bem diferente, ainda que, sinceramente, não tenha muita explicação para isso que me ocorre.

— Mas você falou exatamente o que está acontecendo comigo, Igor!

— Eu sei, porém, não sou vidente ou qualquer coisa que se pareça com isso. Sabe o que mais? Isso não ocorre com frequência e, quando ocorre, vem como se fosse uma ideia própria, um pensamento que surge em meu cérebro. Ou seja, nunca sei quando e como isso se dará.

— Você jura que não é religioso, dessas religiões esquisitas? Um pai de santo, talvez?

— Tá louco, meu? Pai de santo? E eu lá tenho cara de um tipo assim? — perguntou, fazendo troça com a situação que se estabeleceu entre ambos, pois jamais considerara algo assim.

— É, Igor! Esse seu dom parece coisa de pai de santo, embora eu nunca tenha conhecido nenhum, é verdade; digo pelo que tenho visto na televisão a respeito.

Ainda assustado com a revelação de seu segredo, Erasmino encheu o rapaz de perguntas que, pouco a pouco, foram respondidas.

— Mas não se preocupe, Eron — novamente, Igor surpreendeu o rapaz, chamando-o pelo apelido que apreciava.

— Como você me chamou? Eron?

— Sim! Não é esse o seu nome? Não foi assim que você

se apresentou para mim desde o início?

— De jeito nenhum! Eu disse me chamar Erasmino. Eron é um nome que uso entre amigos e nunca disse isso a você. Sempre tive dificuldade com este meu nome horroroso: Erasmino. A menos que eu esteja doido, nunca comentei com você como gostava de ser chamado...

— Desculpe, cara; me desculpe, mesmo. Não fique chateado. Eu podia jurar que você tivesse me dito que se chamava Eron. Me pareceu tão natural chamá-lo assim...

— Não! Não é o caso de pedir desculpas, mas você me assusta com esse seu dom.

— Sinceramente, não notei que chamá-lo de Eron era resultado do meu dom. Honestamente, não notei. Talvez seja isso que quero dizer ao me referir a ele como esquisitice. Algumas vezes, percebo o que ocorre, porém, outras vezes, na maioria delas, não consigo perceber, conscientemente, o que acontece comigo. Talvez, por isso, eu tenha dado certo na carreira de investigador.

— Mas você não é militar? Não é sargento?

— É uma longa história, Erasmino; uma longa história.

Na verdade sou investigador, mas também sou sargento. Algo que parece não combinar, não é mesmo? Mas asseguro que é algo assim. Talvez o posto de sargento seja apenas um disfarce e nada mais.

Depois de um breve silêncio, continuou:

— Então... Como eu dizia, talvez seja por isso que eu tenha dado certo no meu serviço atual. Essa habilidade que possuo, quem sabe, tenha contribuído com meu trabalho de investigação. Falo de poder me antecipar a certas coisas, de alguma maneira, ou saber de situações ligadas às pessoas, embora não saiba controlar essa aptidão e nem sempre ela se manifeste.

Erasmino recuperou-se do susto inicial. Agora, enxergava o rapaz à sua frente como alguém normal, e não um religioso ou algo parecido — pois tinha ojeriza de religiões e religiosos. — Gradualmente, sentiu-se mais à vontade. Com medo do que ocorria consigo, evitava *esse tipo de gente*, como falava. As poucas vezes que tentou compartilhar uma pequena parcela de sua história com um ou outro colega, eles tentaram convertê-lo à sua religião. Teve de dar um basta na situação e nunca mais se abriu com ninguém. O outro amigo, Evandro, sumido desde há algum tempo, embora fosse religioso, era um sujeito totalmente discreto e nunca insistia no assunto. Eis por que Erasmino tinha medo de que Igor fosse desses fanáticos que faziam de tudo para converter as pessoas ou convencê-las de que sua religião era a melhor, que encontravam em tudo motivo para sugerir a filiação a determinada corrente religiosa.

— Mas quando você fala que meu problema é espiritual, está sugerindo que eu procure um lugar ou alguém para me ajudar?

Desta vez, Igor mediu as palavras para não incomodar Eron ainda mais. Pareceu escolher cada frase, embora isso atrapalhasse a manifestação do seu dom, que, na realidade, só funcionava sob a mais absoluta naturalidade, sem nada programado. Entretanto, uma vez que já assustara Eron antes, não queria repetir o constrangimento, que era mútuo, afinal.

— Sabe, Erasmino — falou pausadamente, tendo o cuidado de chamar o rapaz pelo verdadeiro nome —, eu me incomodo muito com o que acontece comigo, principalmente quando estou com amigos, como se deu conosco durante nossa conversa. Mas, no dia a dia, já que eu não tinha como me livrar disso, dessa habilidade, acabei tirando proveito dessas ocorrências paranormais, como acredito que seja a origem delas. Ou seja, não quero induzi-lo a procurar algo, como uma religião ou pessoas que tenham dons semelhantes. Acho que nossa conversa transcorre de modo que tanto você quanto eu possamos nos ajudar mutuamente, de alguma maneira. Sei lá, talvez encontre um jeito de sair dessa situação ou, pelo menos, não ficar pensando que é louco.

— É, eu sempre achei que estivesse ficando louco. Minha mãe tentou me ajudar e minha irmã fica dizendo que estou com um obsessor, seja lá o que isso significa. Mas a verdade é que nada deu certo. Fui até mesmo hipnotizado, e nada. Fico me controlando o tempo todo, e isso é horrível. Tenho medo de algo me acontecer quando estiver no trabalho. Aí, sim, seria terrível.

— E já chegou a ver algo no trabalho? Digo, durante o expediente?

— Muitas vezes, principalmente durante os últimos seis meses. Vi alguns vultos, inicialmente, depois, percebi vozes e agora já consigo ver claramente, inclusive a fisionomia desses seres que aparecem no meu campo visual.

Igor ficou quieto, sem perguntar detalhes, para não pressionar Erasmino. Deixou-o completamente à vontade para falar como quisesse.

— Estou até tomando remédio controlado! Imagina... — continuou Eron.

— E têm adiantado alguma coisa? Com eles, você consegue controlar as visões?

— De jeito nenhum! Não adiantam nada. Às vezes, tenho a impressão de que fico pior. Amanheço dopado, a ponto de tomar estimulante para contrapor os efeitos do remédio que tomo à noite e, assim, aguentar trabalhar.

— Acaba por entrar num círculo vicioso — comentou Igor, enquanto tomavam mais uma cerveja.

— Certa vez, com tanta coisa acontecendo, estava tão desesperado que entrei numa igreja evangélica. Sabe? Daquelas onde gritam, oram e expulsam demônios.

Igor esboçou um riso discreto.

— E aí? Me conta! Que aconteceu?

— Então... — principiou Erasmino. — No fim, achei que

eu era mais sóbrio e lúcido do que toda aquela gente. Já não bastava eu ter visões de seres estranhos, de pessoas que nunca sei se são mortas ou vivas, se são reais ou fruto da minha imaginação? Ver aquela gente toda reunida ali, gritando, suando, caindo pelo chão afora... sem dúvida, não ajudou nada.

— Nunca havia pensado nisso.

— Pois nem pense. Pelo menos, não estou caindo pelo chão, não me ponho a gritar e afirmar que vejo Deus e o Divino Espírito Santo, nem fico espumando pela boca feito doido.

— Entendo por que você despreza religiosos e religiões. Mas, então? Você chegou a conversar com o pastor sobre o que o incomodava?

— Cara, nem tive chance. Ouvia tantas vozes ao meu redor, misturadas com os gritos de louvor da multidão, o choro descontrolado das pessoas e tantos sons incompreensíveis que os fiéis cochichavam ou mesmo gritavam, que saí correndo. Diante daquela gente maluca, até me considerei normal.

Ambos riram da situação descrita por Erasmino de forma cômica. Depois, alguns goles mais de cerveja e o silêncio.

— Mas me diga, Igor: o que pensa do meu caso, já que

você entrou na minha vida, adivinhando meu problema?

Igor meditou novamente, pois não queria dar a impressão de que doutrinasse o novo amigo.

— Sabe de uma coisa, cara? — já quase chamava Eron de amigo, com naturalidade, embora o conhecesse há bem pouco tempo. — Desde que conheci sua mãe lá em casa, quando ela visitava minha velha, eu havia percebido algo sobre você, através da sua mãe. Na verdade, notei que ela estava profundamente incomodada com algo envolvendo o filho. Foi um breve encontro, um aperto de mão, nada mais. Nem chegamos a conversar. Mas, assim que saí da presença de sua mãe, foi como se tivesse sido possuído por algo descomunal, uma sensação como nunca havia sentido.

Erasmino prestava bastante atenção, claramente interessado na situação descrita por Igor, sem querer interrompê-lo.

— Fui para o meu quarto e tive de me deitar. Confesso que, até aquele momento, jamais havia visto espíritos. Até então, apenas absorvia certas impressões das pessoas ao meu redor, porém, eram apenas informações sobre gostos, tendências, opiniões e, no máximo, segredos e coisas ocultas, como ocorreu com você, mas jamais havia visto espíritos. Tanto que nunca associei nada do que experimentei ao longo dos anos com coisas espirituais. Até conhecer sua mãe. E tive a certeza de que era algo em relação a você. E repare que ela nem me descreveu muita coisa a seu respeito; sequer tivemos tempo para isso. Ela apenas citou seu nome.

— Então, de certa maneira, você já me conhecia antes de sermos apresentados!

— Conhecer de forma convencional, não, mas, agora que você diz isso, é como se sua energia tivesse extravasado através de sua mãe e, de alguma forma, me tocado. Junto com tudo isso, vi coisas que não gostaria de ver outra vez.

— Coisas? Que tipo de coisas?

Igor parou por um momento, refletiu se deveria contar o restante para Eron ou interromper o relato por ali e sair. Decidiu prosseguir:

— Na verdade, vi alguns vultos rondando sua mãe e soube que eram ligados a você. Aliás, naquele dia, sua figura apareceu diante de mim, ainda que de forma nebulosa. Dois dias depois, novamente fui surpreendido pelas visões, enquanto assistia a uma partida de futebol na TV. Vi dois caras assustadores e ouvi eles berrarem para mim, como se eu estivesse querendo tirar algo deles. Gritei de susto, de medo, mas minha mãe, que estava na cozinha, provavelmente interpretou como se eu estivesse gritando por causa do jogo.

— Acha, então, que existe algo mais grave acontecendo comigo? Acha mesmo que é espiritual? — perguntou Eron, embora, em alguma medida, temesse a resposta.

— Sinceramente, não posso lhe responder com absoluta certeza. Depois do que lhe contei, a visão nunca mais retornou. Ainda bem!

— E o que faço? O que me aconselha?

— Não posso aconselhar você, no sentido de apresentar uma solução. Nem posso recomendar que procure ajuda espiritual... Disse apenas que seu problema é de ordem espiritual, apenas identifiquei o problema, mas não me cabe indicar algo, alguma solução, que eu nem mesmo sei qual é.

— Por isso, eu disse a você que estava com medo de enlouquecer. Não sei o que fazer e, na verdade, tenho medo, muito medo.

— Será somente medo do problema, de descobrir o que está havendo, de fato, ou medo de que isso gere responsabilidades e exija de você uma mudança de comportamento em relação a muitas coisas?

— Como assim? É novamente uma ideia inspirada pelo seu dom?

— Nada disso, Erasmino. Nada disso, cara! Apenas questiono, porque fiz alguns estudos sobre psicologia, no trabalho, quando tive de estudar sobre diversos assuntos; algo bem superficial, mas necessário em minha atividade. Por isso, questiono a você sobre a real natureza desse seu medo de procurar ajuda mais especializada — acentuou, imprimindo ênfase ao que falava —, mesmo que seja ajuda espiritual. Repare bem que não estou lhe recomendo nada assim, só pretendo levar você a refletir sobre o porquê desse medo.

Eron passou certo tempo encarando Igor diretamente nos olhos, porém, logo se deu conta de que poderia incomodar o amigo recente.

— Honestamente, Igor? Não sei a origem desse meu medo, nem o motivo de eu resistir a procurar ajuda espiritual. A não ser o que já disse. Às vezes, acho que não é somente por causa dos religiosos que tentam a todo custo converter a gente em seguidores de sua religião; penso que pode ser algo mais profundo.

— Talvez a questão dos religiosos e da religião seja apenas um disfarce para algo mais profundo, que você não quer enfrentar.

— Talvez... — respondeu Eron, sem se dar conta, plenamente, do sentido destas palavras. — De uma coisa eu tenho certeza, porém: eu preciso de ajuda urgente, porque, se já não estiver louco, com certeza ficarei.

— Que nada, rapaz! Tome um gole, aí, que você relaxa... — Igor completou o copo de cerveja do amigo, tentando distraí-lo da situação.

De qualquer modo, a conversa fluiu a ponto de levar Erasmino a, pelo menos, considerar a existência de outra realidade, a refletir a esse respeito, o que se recusava, terminantemente, a fazer, até aquele momento.

— E então, o que decidirá após nossa conversa? Ou ainda não chegou a uma conclusão? — tornou Igor.

Erasmino o encarou novamente, agora com outra expressão no olhar, entre hesitante e preocupado.

— Não quero me envolver com essas coisas espirituais! Agora, não. Prefiro procurar auxílio fora de questões religiosas. Não estou preparado para isso.

— E?

Novamente Eron olhou para o amigo, enquanto bebia mais um gole de cerveja. Depois de sorver com gosto o conteúdo espumoso, respondeu:

— Vou pensar em procurar um psicólogo novamente. Outro, pois o que procurei antes não resolveu nada. A tal hipnose não funcionou comigo. Mas coisas espirituais, definitivamente, não.

Os dois continuaram o papo, mudando de assunto, sem mais tocar no tema que ocupava a mente de Erasmino. Não obstante, ele se sentia profundamente incomodado. No fundo, sabia que não havia alternativa à sugestão de Igor, pois, uma vez que seu problema era de caráter espiritual, nada mais óbvio do que procurar ajuda em lugares onde tais questões eram tratadas com naturalidade. Entretanto, estava resoluto sobre não falar a respeito, nem procurar nada sobre isso.

Entrementes, Niquita e Ione conversavam distraidamente:

— Você gosta, então, de ler sobre essas coisas esquisitas, Ione?

— Ah! Niquita, eu tive de ler muito para poder ajudar meu filho, Igor. Ele nunca procurou ajuda espiritual para si e por isso... Você sabe como são as mães, né? Você também é mãe e sabe.

— Eu sei, minha amiga, eu sei. Mas esse negócio de estudar, ler, cansa muito. Prefiro minha novela e os filmes da Sessão da Tarde.

— Eu também acho as novelas mais cômodas, Niquita; pelo menos, a gente vê muitas imagens, pessoas conversando, paisagens... Nos livros, é preciso imaginar. Às vezes, é um esforço que a gente faz, sabe? Mas o que eu li compensou. Agora eu deixo os livros todos aí, em cima da estante. Assim, me parece que a energia dos livros envolve a gente, a casa da gente, e acaba beneficiando a todos. Ou será porque olhar para eles me faz lembrar de alguma coisa a mais? Não sei, na verdade, mas gosto que estejam aí.

— Puxa, mulher, como você é esquisita! — exclamou Niquita, sem ousar perguntar coisas mais profundas. No fundo, queria saber mais do tipo de envolvimento de Ione com essas questões espirituais, mas talvez tivesse medo de perguntar, de escutar a resposta e de como reagiria com a vizinha após ouvir o que ela teria a dizer. Por isso, resolvera ficar apenas nas perguntas superficiais.

Depois de alguns dias, Ione foi visitar uma mãe de santo, uma conhecida sua. Em meio a algumas conversas, citou o caso do filho de Niquita.

— Podemos jogar búzios para sua amiga e também para o filho dela. Quem sabe os orixás falam alguma coisa?

— Ah! Minha mãe, eu gostaria muito de ajudar essa amiga. Mas ela nem pode desconfiar que eu frequento este lugar.

— Por quê? Por acaso tem medo de perder a amizade dela? Como poderá ajudá-la se não falar abertamente que você acredita nos orixás?

— Ah! Não, minha mãe. Prefiro ficar calada quanto a isso; prefiro que ela me pergunte primeiro. Falar, assim, diretamente, não.

— E o que quer que eu faça, filha? Se não pode falar com ela sobre sua religião, como acha que poderá ajudar?

— Mas eu sou católica apostólica romana, minha mãe. De vez em quando é que eu venho aqui. Você sabe que sou uma católica convicta.

A mulher olhou para Ione de modo a reprovar sua atitude perante a religião. Mas deixou para dizer certas verdades noutro momento.

— Joga o búzio, joga, mãe! Pelo amor de Deus... Quero ajudar a Niquita e o filho dela.

A mulher pegou os búzios e juntou-os, fazendo uma concha com as mãos; movimentou-as, dando a impressão de que lançaria os objetos sagradas, mas se deteve.

— Não, minha filha. Agora, não! Vamos fazer assim: deixemos para o dia em que você se sentir à vontade com esse tipo de ajuda. Com os orixás não se brinca: ou a gente assume que é do santo ou a gente some; não tem meio termo. É por isso que nossa religião não é respeitada nem aceita como deveria ser. Você precisa se decidir primeiro, depois, então, a gente joga os búzios.

Ione não esperava essa reação da mãe de santo. Tentou dissuadir a mulher com seus argumentos:

— Mas ela, a minha vizinha, está precisando muito de ajuda, mãe. Ela sofre com o filho, pois teme até que esteja enlouquecendo.

— Sei disso, Ione. Mas olhe, minha filha: as coisas espirituais não são como você pensa. Não podemos ajudar as pessoas se elas não pedirem para ser ajudadas, principalmente nas questões espirituais.

— Mas não tem jeito de dar uma olhadinha só no caso dessa minha amiga? Pelo amor de Deus, eu preciso ajudá-la com urgência.

A mãe de santo, irritada com a insistência de Ione — que, aliás, não poderia fazer nada com qualquer informação que porventura recebesse —, declarou sem precisar consultar os búzios:

— O pobre rapaz — falou, olhando-a nos olhos, com uma expressão de impaciência — está envolvido com espíritos obsessores. E gente muito perigosa. Nem sei se estamos preparados para lidar com espíritos assim, desse naipe.

Ele está sendo usado como cobaia em experiências com estes eguns, e são espíritos muito inteligentes. Se o rapaz e sua mãe não tiverem muito cuidado, ele pode ser levado à loucura mesmo e, até, ao suicídio.

— Cruz, credo! Valha-me Deus, Todo-Poderoso! — exclamou Ione enquanto se benzia toda, repetindo várias vezes pelo corpo o sinal da cruz, num gestual tipicamente católico.

— O que eu posso fazer para ajudar os dois, minha mãe? A senhora pode pedir aos pretos-velhinhos para ajudar essa minha amiga?

A mãe de santo notou que não conseguiria se livrar de Ione de maneira fácil. Teria de dar um jeito na mulher insistente ou, então, arranjar outra forma de satisfazer sua curiosidade.

— Faça assim, Ione, pois eu não tenho mais tempo para falar do assunto. Daqui a pouco começará uma sessão aqui em casa. Vou atender algumas pessoas com os espíritos. Você pode ficar aqui, se quiser, rezando, o tempo inteiro de preferência, e participar da sessão, depois. Mas, por favor: agora terei de me retirar e tomar um banho. Fique aqui rezando diante do altar — apontou o gongá logo à frente —, que, daqui a pouco, voltarei.

Ione ficou toda empertigada diante da possibilidade de conversar diretamente com os espíritos. Parecia um pavão emplumado, de tão eufórica. Enquanto isso, a mãe de santo rumou ao outro aposento e, enfim, pôde começar a se arrumar.

6
FILHO DE
SANTO NÃO
TEM QUERER

ERA UMA MULHER especial. Alta, cabelos ruivos com uma tonalidade que lembrava a cor da aurora, olhos azuis. Executiva de uma grande empresa na cidade de São Paulo, era uma mulher bem-sucedida e mãe de dois filhos, embora separada do marido. Nunca se envolvera com questões religiosas, pois, segundo costumava dizer, não havia tempo para isso em sua vida. Preparava-se para participar de um evento importantíssimo, no qual seria a representante máxima de sua corporação, uma construtora bastante conhecida em todo o país.

O BMW preto corria a mais de 120km/h quando, vindo do outro lado da pista, um Honda sedã, num piscar de olhos, invadiu a mão contrária, por onde vinha o BMW, fazendo-o derrapar e sair pela tangente, para tentar escapar do choque. A manobra não adiantou muito naquela estrada movimentada. O carro pilotado pela mulher ruiva voou pelo acostamento e foi parar num terreno baldio, meio pantanoso, mergulhando ali com violência. O motorista do Honda não parou nem se importou com a ocorrência, e continuou seu percurso ensandecido, deixando para trás a mulher nocauteada pela violência do trânsito — mais uma vítima de uma situação que, dificilmente, se modificaria de maneira espontânea, por conta dos excessos cometidos por diversos motoristas, principalmente quando sob o efeito do álcool, como ocorria com aquele que deixara sua vítima sem prestar-lhe socorro.

Felizmente, outros motoristas que trafegavam por ali resolveram parar seus veículos e dar socorro à mulher. Houve muitas testemunhas, caso a mulher ruiva quisesse abrir um reclame jurídico, em razão do que aconteceu. Mas ela não tinha condições de fazer isso naquele momento e, por um longo tempo, não teria. E depois, outros acontecimentos a fariam esquecer o que ocorrera com ela naquele dia fatal.

— Meu Deus! — exclamou uma mulher que havia parado, na tentativa de socorrê-la. — Ela veio a toda velocidade bem atrás de mim, fez uma manobra complicada para ultrapassar meu carro e, logo depois, *bam*! Só a vi voando pelo lado da pista, enquanto o outro carro rasgava o asfalto, como se nada houvesse acontecido. O carro que fez aquela manobra louca, tirando-a do eixo, da faixa onde estava, parecia conduzido por um bêbado, tamanha a loucura que fazia com o carro.

Acho que era um sedã; mal deu para ver a marca.

— Tudo aconteceu muito rápido — disse um homem que também parara para dar socorro à vítima.

— Ela ia muito depressa — disse um rapaz visivelmente abalado com o acidente que presenciara de perto. — Parecia incorporada com o Ayrton Senna! — tentou fazer uma brincadeira, sem antever que nem ele próprio acharia graça naquilo que dissera. Calou-se, portanto.

O policial rodoviário, chamado com urgência por um dos motoristas que passava por ali, anotou as observações das testemunhas. Logo após a chegada da patrulha na qual viera, chegara, também,, uma viatura do corpo de bombeiros e uma de socorro hospitalar, com dois paramédicos. O guarda teve de chamar ajuda, pois o caso era grave. Acenderam-se luzes potentes o bastante para iluminar o ambiente, afinal, a noite já se iniciava e as sombras dificultavam o socorro. Como toda desgraça costuma atrair a atenção da maioria das pessoas, os condutores dos veículos que ali passavam acabavam contribuindo para a lentidão do trânsito, causando grande congestionamento. Colocavam o rosto para fora das janelas dos veículos a fim de examinar o acontecido e acabavam complicando mais o que já estava complicado.

Um dos guardas que estava no local gritava a plenos pulmões para um colega, tentando superar o barulho das sirenes enlouquecidas, que não paravam de soar:

— Sargento, está na hora de fazermos estes veículos saírem daqui. Estão atrapalhando o trânsito e precisamos de espaço para o socorro sair com urgência. A mulher pode estar viva!

— Será que ela estava embriagada?

— Não, não acredito... — respondeu outro guarda, subindo na lateral do carro de bombeiros para ver até onde ia o engarrafamento.

— Encontramos a identidade da vítima, senhor! — falou um guarda para seu superior, entregando-lhe os documentos.

— Ainda bem! Assim teremos como localizar e comunicar os familiares.

— Odete é o nome dela — afirmou, acrescentando discreta crítica. — Puxa! Que nome estranho para uma mulher tão linda...

— Deve ter morrido, você não acha? Afinal, ninguém

sobrevive a um acidente desses. Que horror!

— Neste caso, não, senhor! Ela sobreviveu. Mas se não conseguirmos tirá-la de lá, urgentemente, ela não terá condições de escapar.

O guarda anotava tudo, quase insensível à ocorrência, que era trivial em seu dia a dia.

— Precisam se apressar. Fale já com o chefe dos bombeiros.

— Eles já estão em ação, senhor — respondeu, abatido, o soldado que trouxera os documentos, pois era seu primeiro dia junto àquela equipe e esse fora o primeiro acidente grave que presenciara.

O sargento deu uma olhada por cima dos veículos com as luzes acesas — ele já se acostumara com o pisca-pisca das luzes a ponto de não o atrapalhar como aos outros. — Observou, à relativa distância, a ação dos bombeiros, que, felizmente, traziam o corpo sobre a maca, conduzindo-o à ambulância, que aguardava de portas traseiras abertas. Eles a conduziram ao interior da ambulância, onde ninguém saberia dizer ao certo como ocorreria o auxílio à mulher e o que restaria fazer por ela. Era um jogo contra o tempo.

O guarda debutante baixou os olhos paralisado, sem conseguir sair do lugar. Relutava em olhar para trás, a fim de não ver o sangue nem o sofrimento da mulher. Um toque em seu ombro seria o suficiente para que ele ruísse emocionalmente, liberando toda a carga emocional represada em forma de choro, no entanto, se segurava com todas as forças da alma para não chorar perante seus companheiros. Consumido pelo esforço, não era capaz de simular nenhuma ação. Ficou paralisado, ali, diante do chefe. Não sabia o que fazer. Não conseguia nem sequer responder a qualquer pergunta, caso algo mais lhe fosse dirigido.

O sargento conseguiu perceber a situação do sujeito à sua frente, mas não podia compartilhar de seu modo de sentir, senão, não conseguiria comandar o atendimento à ocorrência. Tentou amenizar a situação do soldado, à sua maneira:

— Meu Deus! Como as pessoas dirigem nos dias de hoje... Parece que, antigamente, as pessoas tinham mais respeito à própria vida e, também, mais medo do trânsito e dos acidentes. Hoje, porém, parece que os valores se modificaram a tal ponto que ninguém se importa mais com os riscos.

— Quem sabe ela tenha cochilado ao volante, senhor? — comentou o rapaz à frente, lento, como se estivesse saindo de um sono letárgico.

Sabendo que conseguira tirar o rapaz do estado de choque no qual se encontrava, o sargento apenas arrematou:

— A esta hora? No início do anoitecer? Dificilmente, soldado. A meu ver, estava com pressa, muita pressa mesmo. O soldado parecia voltar aos poucos à realidade, porém, ainda não se movia do lugar.

— Bem, que tal você ajudar o seu colega e ficar aqui anotando as observações das testemunhas? — falou, apontando para o guarda com uma caderneta na mão. — Enquanto isso, dou uma olhada na vítima.

O soldado acordou de vez do seu transe emocional. Pelo menos, não teria de encarar a pobre mulher olho no olho. Mesmo assim, permanecia lento em demasia em seus reflexos. Assim sendo, aceitou de bom grado a determinação do superior imediato, dada em forma de sugestão. Pouco após entregar uma caderneta de anotações ao soldado, em meio à agitação da conversa dos motoristas parados e de outros profissionais chamados a socorrer a vítima, o sargento voltou-se ao rapaz e disse:

— Não se preocupe tanto assim, soldado! Coisas como estas são comuns em nosso dia a dia. Precisamos manter o foco e o equilíbrio emocional, senão, em vez de ajudar, nós é que precisaremos de ajuda. Aqui, somos enfermeiros e não pacientes — e deixou o soldado para trás, saindo em direção à ambulância, apressadamente.

Odete estava desfigurada. Os cabelos estavam totalmente desgrenhados e sua face apresentava cortes e sulcos que demandariam uma boa cirurgia plástica. Sangue gotejava de alguns lugares do corpo, o que era pouco, diante do impacto do acidente, que a arremessara do outro lado da rodovia. O BMW estava totalmente destruído e era surpreendente que ainda estivesse com vida, a examinarem-se exclusivamente os lances da dimensão física.

Naturalmente, durante a tarefa de socorrer a mulher e retirá-la do meio das ferragens, ninguém percebeu o cheiro de rosas que parecia exalar da vítima, tampouco o odor que remetia a enxofre e impregnava o local dos destroços. Se, porventura, alguém houvesse percebido o aroma floral que envolvia a mulher, provavelmente, o teria atribuído a um perfume qualquer que, suporia, ela usasse.

Do outro lado da delicada e sutil membrana psíquica da realidade, escutava-se um barulho estranho, que lembrava o adejar de morcegos ou bichos semelhantes, e viam-se olhos vermelhos como fogo se escondendo e escorregando por entre o aço retorcido do que outrora fora um automóvel. Entre os homens, ninguém viu quando os espíritos bateram em retirada, voando, sinistramente, fugindo de uma luz forte que se materializou ao lado da mulher. Um corpulento ser, cuja aparência recordava um índio americano, espantara as trevas personificadas naquelas sinistras criaturas da penumbra. Os olhares das pessoas centravam-se na ilusão dos sentidos, no modo como os fatos transcorriam do seu lado do universo, daquele universo cuja velocidade das partículas atômicas era extremamente lenta, em comparação à altíssima velocidade de certas partículas elementares da realidade extrafísica. Era tudo uma questão de ótica, de capacidade de foco e de observação.

Durante o acidente, Odete pareceu entrar em transe. E

demorou a deixá-lo, pois a cada momento, a cada minuto que se passava, o transe aprofundava-se de modo inexplicável para ela. Sentia-se vagar em meio a brumas de um passado distante. Viu-se em meio a um grupo de mulheres que desfilavam de três em três, em vários barcos, cada qual remado por dois homens silenciosos, rumo a uma ilha montanhosa e, aparentemente, deserta. Ela estava no segundo barco, de pé como as demais, enquanto as brumas envolviam todo o lugar, que se assemelhava a um pântano. A visão de Odete modificava-se a cada instante. De repente, via-se em meio a outro grupo de mulheres, todas trajando longas vestes, cuja cor se misturava ao cinza das nuvens e às brumas da região. Estavam em meio a pedreiras e escarpas que pareciam sem fim, de tão altas e majestosas, e que se erguiam diante de todas aquelas sacerdotisas, talvez já mortas e esquecidas, num passado distante.

Odete se via assim, meio morta, meio sonhando, meio viva. Sabia tão somente que não estava de posse do seu corpo; disso tinha certeza. Mas não era capaz de explicar o que lhe sucedia, pois nunca se sentira assim, tão leve, sequer fora do corpo, em desdobramento. Uma voz, várias vozes e o ressoar de uma trombeta que a irritava foram ouvidos.

Estava profundamente incomodada, principalmente por não compreender o que lhe acontecia. Divisou um homem forte, alto, corpulento, com uma cinta envolvendo a cabeça e uma única pena branca, alvíssima, que lhe sobressaía atrás da cabeça, atada àquela cinta. Ele a mirava de maneira firme, potente. E ela nunca, jamais pôde esquecer aquele ser, aquela visão.

Novamente, a cena se alterou e viu-se em meio ao fogo, a fogueiras, aos gritos de uma aldeia medieval. Ela, definitivamente, não tinha domínio sobre o que ocorria consigo. Via-se em meio àqueles eventos como se fosse uma espectadora, mas, ao mesmo tempo, uma participante ativa, personagem daquelas histórias. Agora suas vestes eram negras, rasgadas, sujas, e sua face era macilenta, de uma feiura incrível. Embora não se lhe assemelhasse à atual conformação física, sabia que era ela própria a mulher que via e que desempenhava função muito específica entre aquelas outras mulheres, as quais caminhavam, amarradas, rumo à fogueira daquela vila medieval. Ouviu os gritos da multidão, que clamava:

— Queimem, queimem essas adoradoras do demônio!

Queimem essas bruxas miseráveis! Hereges!

Escutava a si mesma gritar, protestar, praguejar, dizer palavrões, esconjuros e maldições. A cena toda beirava requintes de crueldade. Via, novamente, aquele homem forte, corpulento, agora, porém, vestido de modo semelhante a um mago. Ele aproximava-se, mirava-a, encarava-a e, ato contínuo, desnudava-se daquelas vestes compridas, de um tecido desconhecido e grosseiro, a fim de mostrar-se outra vez como um índio, com a pena branca encimando a cabeça.

Imagens e cenas sucediam-se umas às outras, sem que Odete tivesse qualquer controle sobre o que era compelida a presenciar. Via as cenas e sabia que tudo aquilo mostrava lances de sua própria vida, de outras vidas que se recusara a pesquisar e estudar, até que o acidente ocorrera. Depois de mais uma sucessão de eventos, cenas e interferências para as quais não encontrava explicações, finalmente percebeu-se em um ambiente mais palatável à sua inteligência e memória. Era um hospital moderníssimo, digno de um filme de ficção científica. Ela era paciente naquelas instalações, embora soubesse que aquele não era o próprio corpo — pelo menos, não o corpo físico. Diante do tudo o que lhe ocorrera naquele estado de quase morte, perguntava a si mesma:

— Que aconteceu comigo? Onde estou, ou o que faço aqui?

Mal acabara de indagar mentalmente, naquele colóquio interno, e alguém se imiscuiu em seus pensamentos, respondendo-lhe numa voz mental, não articulada:

— Você está entre nós, os seus amigos invisíveis.

— Quem são vocês? Estou morta?

— Não exatamente, pelo menos, não, por enquanto. Mas está num estado semelhante àquilo que chama de morte.

— E o que querem de mim? Posso sair daqui?

— Espere, minha filha — reagiu uma voz, um tanto jovem para lhe chamar de filha. — Espere mais um pouco, pois seu corpo ainda não está pronto.

— Como assim? Como meu corpo ainda não está pronto? Estarão programando um novo corpo para mim? O que aconteceu com meu corpo? Tenho uma reunião muito importante para participar. Preciso sair daqui urgentemente.

— Fique tranquila, pois todas as suas dúvidas serão respondidas no momento oportuno. Quanto a sair daqui, lamento informar: você já perdeu sua reunião. E perdeu, também, o domínio sobre a própria vida.

— Perdi a reunião? Perdi o domínio sobre a minha vida? Que besteira é esta? Que bobagem...

— Você está viva, Odete, porém, fora do corpo. Seu corpo repousa na Terra, em um hospital, há mais de 15 dias. O corpo físico está em coma, se é isso que deseja saber.

Um pranto profundo dominou Odete a partir daquele instante. Ela sequer imaginava, em toda a plenitude, o que lhe sucedera; não sabia da dimensão do fenômeno que lhe acometera. Apenas algo distante, uma intuição, talvez um registro sutil, fazia com que soubesse que estava em estado modificado de consciência e que estivera, por um longo período que não poderia determinar, em lugar e situação ignorados, embora, sem dúvida, desprovida do corpo físico. Vivenciava, enfim, um fenômeno que lhe era totalmente estranho e desconhecido.

Odete-espírito estava internada num ambiente não convencional, uma pousada ou um *spa*, em tratamento, após o acidente que lhe sucedera e do qual mal podia se lembrar. Ficaria em repouso mais de uma noite, porém, fora do corpo.

Ela não tinha nenhuma ideia sobre como se furtar àquela situação. Uma mulher acostumada a tomar decisões, a enfrentar inúmeros desafios dentro do ambiente corporativo do qual fazia parte, estava ali, à mercê de seus próprios pensamentos e criações mentais, recordações e vivências de que nem ela própria conhecia a procedência. Naquele momento, ela não tinha nenhuma ideia do que fazer para sair daquele lugar. O corpo físico, internado em estado de coma num hospital na Terra, parecia querer apagar a chama da vida. O espírito permanecia, parcialmente liberto do corpo, instalado num regime diferente, em uma dimensão paralela.

Ali mesmo, naquele ambiente extrafísico, desacostumada a ficar parada, resolveu pedir a um dos espíritos — embora resistisse à ideia de que estava ali em espírito, e que todos à sua volta também — uma caderneta a fim de fazer anotações, rabiscar, preencher páginas e páginas com seus pensamentos, fosse lá o que fosse que viesse à sua mente. Quem sabe mais tarde essas reflexões serviriam para alguma coisa? De qualquer modo, não gostava de permanecer assim, quieta, apenas sendo espectadora de fatos e acontecimentos sobre os quais nada entendia. Ela nunca estudara espiritualidade, nem nada relacionado a isso. Como poderia estar fora do corpo e viva, ao mesmo tempo? Por ora, preferia não pensar.

— Você obteve uma segunda chance, Odete!

— Chance? Que chance? Estou indignada com tudo isso aqui. Tenho muito o que fazer e meus negócios ficaram prejudicados por causa de vocês, que querem me manter aqui à força, a todo custo.

— É exatamente o contrário, Odete. Nós queremos que você volte, porém, com uma tarefa especial, algo muito diferente do que você faz atualmente.

— Eu topo qualquer coisa para sair desse lugar de loucos! Qualquer coisa.

— Bem, não queremos que você tome decisões precipitadas, mas alguém que a ama intercedeu em seu favor. Levando em conta certas habilidades que você desenvolveu em seu passado, poderemos reorganizar sua ficha de serviços e conceder uma oportunidade para que você dê uma guinada em sua existência. Ou...

— Ou o quê? Vocês sabem que eu posso processá-los, assim que sair daqui? Processar por sequestro, por me forçar a ficar prisioneira deste lugar, contrariamente à minha vontade?

— Bem, vá em frente, Odete. Seja como for, caso você não cumpra o papel que lhe foi designado, na área da mediunidade, voltará para cá novamente, dessa vez, sem nova chance de retomar o mesmo corpo.

— Mediunidade? Que é isso? Acha que eu sou o quê? Que afronta! Eu, hein?

Nesse momento, o corpo físico sugou Odete novamente para dentro de si. Um redemoinho, uma espécie de túnel lhe absorveu, segundo suas escassas percepções da realidade extrafísica puderam registrar. Foi o que restou daquela experiência para além da película sensível que separa as realidades dos dois universos.

Exatamente no momento em que o dia, fora das janelas do hospital, dava lugar à noite, a mulher arregalou os olhos, deitada no leito do CTI. Respirou fundo, um pouco ruidosamente, quase perdendo o fôlego, de tanto que aspirou o ar dos tubos de oxigênio, como se buscasse se libertar daquela situação toda. Mais tarde, não se lembraria de quase nada do que presenciara durante os dias em que estivera fora do corpo. Contudo, um sentimento vago, uma impressão de que estava acompanhada tomou conta dela o tempo inteiro, mesmo quando retomou o trabalho, três meses depois, um pouco fora de ritmo, como se estivesse em câmara lenta em relação a tudo o que ocorria à sua volta.

Foi após um daqueles dias ensolarados, quando Odete voltava do trabalho, que a impressão de estar sendo acompanhada e vigiada envolveu-a por completo, e de tal forma, que ela sentia, a todo instante, arrepiar-se por inteiro. Nada fora exatamente o mesmo em seu ambiente profissional após o acidente e o coma; as coisas se alteraram sensivelmente. Com ela própria, as coisas se modificaram de tal modo, que quase não se reconhecia, devido aos pensamentos estranhos e às impressões que lhe afloravam à memória. Era como se passasse a adivinhar certas coisas, certos acontecimentos mesmo na vida das pessoas. Ou eram somente impressões?

Naquela tarde, enquanto o sol cedia lugar às sombras do anoitecer, ela adentrava no *hall* do edifício onde morava numa cobertura em bairro nobre da capital, quando tudo pareceu escurecer diante de seus olhos. Havia algumas poucas pessoas ali, logo na entrada do prédio, incluindo a mãe de Odete, que a esperava para uma conversa séria sobre problemas familiares.

— Meu Deus, estarei passando mal? Será que é coisa relativa ao acidente, ainda, que afetou meu cérebro, minha visão? — foi o último pensamento de que se lembraria mais tarde, antes que seu corpo elegante, firme, jovial, desse uma volta em torno do próprio eixo, como se fosse um pião. Ela estremeceu toda, chamando a atenção das pessoas ali presentes. A mãe a socorreu e, auxiliada por uma das moradoras, a conduziu para dentro do apartamento onde morava. Odete repousou sobre o sofá, acomodada pela mãe, porém, já sem ter noção alguma do que lhe sucedia. Era uma espécie de semitranse. Vagava entre duas realidades, dois mundos. Nesse estado permaneceu durante uma semana, não podendo comparecer ao trabalho. Esse fato definiu o futuro de Odete no que concernia ao âmbito profissional. As coisas realmente começaram a piorar para ela na empresa.

Oito dias depois, deitada sobre o sofá, sem saber ao certo o que se passava consigo, tinha ao lado a mãe, juntamente com a vizinha, que era amiga de longa data. De repente, Odete ergueu-se com imensa energia, olhos arregalados fixando o alto e, batendo com a mão direita no peito, bradou:

— Salve! — falou a voz diferente que saía da boca da mulher, ante sua mãe atônita com fenômeno que ocorria com sua filha. — Salve, caboclo! Salve, as forças das matas de Oxóssi!

Logo após, o ser, incorporado na elegante criatura, pôs-se a relatar à mãe de Odete as ocorrências que ela quisera falar com a filha uma semana antes, e não pudera, devido aos acontecimentos que se desenrolaram. Voltou-se para a vizinha, que ajudava a mãe de Odete a cuidar da filha, e falou:

— Caboclo precisa falar com você agora — a mulher ficou toda arrepiada, pois desconhecia aquela personalidade de Odete, a amiga de longa data. Enquanto o caboclo incorporado na elegante executiva conversava à parte com a vizinha, a mãe de Odete pegou o telefone, tremendo, e chamou alguém para vir socorrê-la, pois não sabia o que fazer e quase desmaiara diante da entidade que se comunicava, pela primeira vez, através de sua filha. Ali mesmo, ao telefone, relatou à pessoa com quem falava:

— Acho que minha filha ficou louca de vez! Foi a batida do carro, o acidente; deve ter rompido alguma veia do cérebro dela e agora ela fala como se fosse outra pessoa... Me ajude, pelo amor de Deus!

Antes que o caboclo terminasse a conversa com a vizinha, algumas amigas de Odete chegaram à cobertura, convocadas por uma mãe desesperada. Logo que uma adentrou a sala, uma das amigas percebeu, imediatamente, assim que viu Odete incorporada, o que acontecia. Não quis se pronunciar a respeito, pois ficaria com vergonha das amigas caso descobrissem que ela conhecia dessas coisas ou que frequentava "esses lugares" — como alguns costumavam dizer. Seu segredo durou muito pouco, pois assim que a entidade percebeu que a sala estava cheia das amigas mais íntimas da médium que usava, olhou para aquela que conhecia o fenômeno e falou, deixando-a desnuda perante suas melhores amigas:

— Você veio aqui hoje para ajudar este meu cavalo — falou para a amiga da família. — Preciso que leve este cavalo lá no centro que você frequenta. E é urgente! — a entidade referia-se à médium como *cavalo*, como a dizer que ele era o cavaleiro, que montava ou dominava o aparelho mediúnico. A mãe de Odete e as outras mulheres não entendiam nada da conversa. Érika, a mulher para quem a entidade dirigira a palavra, tentou fingir que não era com ela. O caboclo foi logo se pronunciando de maneira firme, sem deixar margem à dúvida:

— Você, filha, foi enviada àquela casa de caridade, exatamente, para conhecer e se inteirar da umbanda e, mais tarde, poder levar este meu cavalo para ser preparada para uma tarefa que ela terá de desempenhar. Ou você acha que caboclo não a conhece? Lembra o dia em que você chegou lá, na tenda, precisando de ajuda para seu filho que usava drogas? — todos ali sabiam da labuta de Érika com o filho mais novo, anos antes, porém, ninguém sabia que o garoto havia melhorado devido à assistência espiritual. — Pois, foi comigo que você falou naquele dia. E caboclo ainda lhe disse que precisaria de um favor seu, um dia. E este dia é hoje, filha. Você precisa levar esta médium para entrar em contato com a realidade da umbanda, com urgência. O trabalho dela começa aqui e agora.

Por incrível que pareça, uma a uma das mulheres foram se consultando com o caboclo, deixando a mãe de Odete meio desesperada, pois não sabia como explicar desfecho tão surpreendente. Depois de algum tempo incorporada, a entidade falou com todas elas:

— Amanhã, neste mesmo horário, estarei aqui, novamente. Tragam, cada uma de vocês, no máximo, até duas pessoas para caboclo atender. Vou receber meus filhos aqui mesmo, para provar a este cavalo que filho de santo não tem querer...

Odete acordou do transe completamente tonta, sem saber o que lhe ocorrera. Lembrava-se de lances insólitos, que estivera em lugares estranhos, vendo e falando com gente que jamais conhecera. Estivera fora do corpo o tempo inteiro, mas não se recordava do que a entidade falara através dela. Ao ver suas amigas ali, conversando feito loucas umas com as outras, aí, sim, é que não entendeu mais nada.

— Me dê uma bebida, mamãe! Preciso beber algo forte, urgentemente.

— Nada disso, minha querida — interferiu Érika, a amiga que estivera sem graça diante das demais *socialites*. — Você precisa descansar agora.

Mal as demais amigas notaram que Odete era Odete novamente e achegaram-se a ela, tagarelando num misto de alegria e espanto, pois não sabiam que sua amiga mais importante era médium, e das mais poderosas.

No dia seguinte, em vez de cada uma trazer duas amigas, como determinado pela entidade, trouxeram um enxame de pessoas, que lotou por completo a cobertura de Odete. Esta, por sua vez, não sabia o que fazer. Sentindo-se mais à vontade, Érika trouxe uma vela e um defumador, mesmo que o caboclo não pedisse para trazer tais instrumentos, pois tinha essas coisas em sua casa. E o caboclo assumiu Odete mais uma vez, sem que ela soubesse como fazer para rechaçá-lo ou evocá-lo.

A notícia sobre os acontecimentos envolvendo Odete espalhou-se como fogo de pólvora. Ela foi obrigada a sair do emprego, pois começou a sofrer represálias por parte dos seus superiores e não suportava mais os olhares estranhos e de repreensão que recebia dos colegas de trabalho. Não houve outra maneira. Alguns meses depois, Odete estava sentada ao lado de uma senhora, mãe de santo, que, incorporada por um pai-velho, dava-lhe explicações sobre o que lhe reservava o futuro como médium.

Alguns anos mais tarde, Odete inaugurava seu próprio centro de umbanda, após certo tempo de preparo na casa que começara a frequentar.

— A umbanda, meus filhos! — então, era ela quem falava a um grupo de pessoas que se colocara sob seus cuidados espirituais. Totalmente modificada, aparência mais simples e sem a altivez de outrora, ensinava a todos. — A umbanda é uma religião com muitas faces, com muitas bandas. Na verdade, não temos uma doutrina escrita, uma única regra de fé e prática como muitas outras religiões; provavelmente, a maioria delas. Nossa regra é a caridade e a voz da umbanda é a voz das entidades, dos guias de luz que orientam cada trabalho, de acordo com cada público necessitado.

— Mãe, por que a umbanda é chamada de umbanda branca? Pode nos esclarecer?

— Claro, filho. — respondia Odete, conforme o conhecimento que detinha. — Podemos dizer, de certa forma, que há várias "cores" de umbanda. Falo assim de maneira alegórica. Isso significa que tudo no universo tem lá suas cores e sabores e com a umbanda não é diferente. Para mim, segundo meu ponto de vista, o termo *umbanda branca* refere-se ao fato de praticar um ritual, uma religião de maneira clara, e não às escondidas; algo que se faz com transparência. É apenas um termo, mas pode ter vários significados. Principalmente, pelo fato de não se prestar à prática do mal e fazer somente o bem, incondicionalmente.

— E a umbanda tem algo a ver com espiritismo, Mãe Odete? — perguntou outro filho de fé.

— Muitos espíritas, meu filho, costumam dizer que não temos nada em comum, que o espiritismo é uma coisa e a umbanda é outra, totalmente distinta. Para mim, meu filho, isso se deve ao medo da doutrina deles ser confundida com nossa religião, como se fosse um demérito, ou, ainda, à falta de convicção acerca do que professam. Creio, sim, que temos muito em comum. A prática da mediunidade, a convicção a respeito da imortalidade, da reencarnação e dos espíritos, bem como da caridade como meio de alcançar a convivência melhor entre os seres humanos. Isso não quer dizer que não tenhamos lá nossas diferenças.

"Dou um exemplo — fez questão de ressaltar para o pequeno grupo de filhos que a ouvia. — Temos um respeito muito maior pelo ambiente do nosso trabalho, um sentimento de que tudo aqui é sagrado. Algo que, ao que me parece, os espíritas perderam há algum tempo, se já o tiveram. Vejo alguns centros espíritas tão barulhentos; as pessoas, e mesmo os trabalhadores, entram e saem do ambiente sagrado de suas reuniões como se estivessem entrando em qualquer outro lugar. Muitos sequer respeitam os guias deles e agem de maneira tão irresponsável com as questões ligadas à mediunidade que tratam o fenômeno com absoluta falta de consideração.

"Na umbanda, adotamos vestes brancas. Isso, para nós, é algo sagrado, também. Não é um simples uniforme; é um método de nos prepararmos para uma união mais íntima com o infinito, com o Invisível. Este momento é tão sagrado para nós, que não queremos macular este sagrado colóquio com o mundo invisível usando as mesmas roupas que usamos no dia a dia. Por isso, tomamos os banhos de limpeza antes de atuarmos no terreiro. Por isso, também, usamos nossas vestes, a fim de não virmos de nossas tarefas diárias com roupas sujas de poeira e energias acumuladas e desnecessárias, trazendo tudo isso para dentro do nosso sagrado templo.

"Nossa relação com a natureza é um diferencial que merece fazer parte de nossas observações. A natureza é sagrada para todos nós da umbanda. Relacionamo-nos com ela através dos sagrados orixás, que são forças cósmicas do universo, um elo que nos liga ao Criador. Além disso tudo, filhos, existem muitas bandas dentro da nossa umbanda, assim como existem diversas formas de se praticar o espiritismo, entre os chamados kardecistas."

— Mãe Odete, poderia nos dizer a diferença entre essas diversas bandas? Ou seja, qual a distinção entre uma umbanda e outra, entre um método de se praticar a umbanda e outro?

— Ah! Minha filha! — respondeu Odete à mulher que formulara a pergunta. — É curioso, pois eu mesma fiz essa pergunta anos atrás para uma mãe de santo que busquei como referência em meus trabalhos. Vou lhe dar as mesmas respostas que ela, um dia, me deu.

"Muitas vezes, nos deparamos com termos diferentes para designar os diversos tipos de umbanda praticados em nosso país. Por exemplo, a chamada umbanda popular. Nesse caso, é a umbanda praticada sem ênfase na busca de conhecimento, sem estudo por parte dos seus médiuns, os quais, não raras vezes, advogam que não é necessário estudar, pois os guias fazem tudo e sabem tudo que é preciso saber. Nesse caso, o que mais tem importância não é o conhecimento, o estudo, mas o que os guias dizem através de seus médiuns.

"Há também a forma de se praticar umbanda chamada, conforme denominam muitos filhos de fé, de umbanda tradicional. Referem-se aos ensinamentos mais antigos e eruditos que tratam da prática umbandista. Eu mesma não creio que esse seja um termo muito esclarecedor, mas é como chamam tal vertente de nossa religião. Pelo que se tem visto, esse tipo de umbanda tende a perder seu lugar e seu público para outro tipo que vem surgindo entre nós e que atrai um público dado a estudar, aprofundar e questionar certos ensinamentos transmitidos por determinados pais e mães de fé.

"Existe, também, a umbanda esotérica, iniciática. Essa é uma modalidade mais nova, considerando-se a ancestralidade da umbanda, de se traduzir e aprofundar o pensamento dos guias sagrados, perscrutando os fundamentos de antigos sacerdotes e conhecimentos ocultos, valorizando uma doutrina que resgata os sagrados arcanos por meio de iniciações. De modo geral, essa vertente da umbanda é simples em seus rituais, embora estes sejam repletos de significado e explicações que muitos pais de santo de outras práticas não transmitiriam a seus filhos e adeptos. Nessa umbanda há uma espécie de codificação, vê-se o incentivo maior ao aprofundamento e vigora um despojamento ainda maior na forma de se vestir e nos rituais, além de elementos mais simples nos gongás e no terreiro como um todo.

"A umbanda mista ou *omolocô* — continuou Odete, que era dada a estudar, e havia se tornado bastante mística ao longo dos anos — tem um nome que designa a vertente que recebe influência maior de cultos de candomblé e que integra o conhecimento africano de nação aos ensinamentos ofertados pelos guias da umbanda. Nesse culto, percebe-se nitidamente essa influência ao se observar a prática de ebós, boris e algumas oferendas, além da adoção, em alguns casos, de iniciações bastante semelhantes aos cultos oriundos da África, envolvendo camarinhas, sacrifícios de animais, entre outros elementos. Alguns a apelidam de umbandomblé, embora eu, pessoalmente, ache este nome impróprio para designar essa forma de praticar umbanda.

"Ainda temos a *umbandaime*, surgida a partir das orientações dos guias da umbanda associada ao uso do chá do santo-daime ou *ayahuasca*.

"A umbanda cristã é aquela na qual se vê, de maneira mais acentuada, o sincretismo dos santos católicos com os orixás e onde se encontra uma simplicidade muito grande, em comparação até mesmo com o que faço aqui em meu terreiro. Inaugurada em 1908, mediante os ensinamentos do Caboclo das Sete Encruzilhadas, que tem como avatar Zélio de Moraes, a umbanda cristã também foi denominada de *macumba* em muitos lugares, talvez por ser originária do Rio de Janeiro, onde esse termo — muito embora tenha caráter, geralmente, pejorativo — é usual, assim como em toda a região Sudeste.

"Por último, não há como deixar de citar a umbanda sagrada, que prima pelo estudo da teologia umbandista, e a umbanda eclética, que convive tranquilamente com outras doutrinas e práticas.

"Enfim, há uma variedade enorme na prática umbandista. Entretanto, todas essas variedades obedecem ao sagrado preceito da caridade, embora nem sempre as pessoas que representem a religião o façam de forma idônea e de acordo com seu preceito maior, que é a caridade incondicional. Mas isso, convenhamos, é um problema inerente a toda manifestação religiosa e à iniciativa humana em qualquer campo."

Odete acabou resumindo sua fala, pois julgou mais acertado enviar os filhos para conhecer outro terreiro, onde os orientadores praticavam a umbanda de maneira diferente, quase sem rituais, com o objetivo de desafricanizar as práticas umbandistas. Ela mesma instruiu os filhos:

— Bem, acredito que a melhor maneira de vocês conhecerem a umbanda é visitando outros terreiros. Minhas palavras podem até esclarecer, mas conhecendo diretamente onde se pratica e como se pratica, vocês poderão fazer melhor juízo sobre a nossa religião. Meus conhecimentos são limitados, no entanto, deixo a vocês a possibilidade de excursionarem por outros terreiros. Eu mesma indicarei um, no qual tenho plena confiança e para onde envio os casos que julgo não serem da minha competência. Lá, vocês terão acesso a informações mais detalhadas sobre nossos orixás e nossas leis e verão como se pode praticar a fé de maneira diferente. Isso será muito bom para vocês formarem o próprio ponto de vista sobre o que é umbanda e, assim, desenvolverem uma visão mais ampla do que veem aqui, comigo.

Odete não prendeu seus filhos de fé à maneira como ela praticava a umbanda, reconhecendo, assim, suas limitações quanto à forma e ao conhecimento da própria religião.

Foi exatamente uma semana depois deste dia de encontro entre os trabalhadores de sua tenda que Odete recebeu Ione, a qual se encantou com os trabalhos dos guias, pela primeira vez; a mesma Ione que viria a lhe apresentar o caso de Erasmino, filho da amiga Niquita.

7
DIVERSAS FACES DA UMBANDA

—NÃO ADIANTA, mãe. Não quero procurar essas coisas, de jeito nenhum.

— Mas, Erasmino, você conversou com o filho da Ione e viu que ele é um moço inteligente, alguém de respeito. Além do mais, não foi você mesmo que me disse que, por causa daquela conversa, quase se convenceu a procurar ajuda espiritual?

— Quase, D. Niquita... quase. Não passou disso!

— E o psicólogo? Por que não procurou outro?

— Não sei, mãe. Para mim, o jeito dele trabalhar adiantou muito pouco ou nada, embora, algumas vezes, me pegue imaginando que aconteceu algo naquela nossa última consulta, algo que ele não quis me contar. Como não sou adivinho, não poderia saber ao certo. Lembro apenas dele tentar me hipnotizar. Em última análise, procurar essas coisas... não tem nada a ver comigo, mãe! Você sabe: sou um homem respeitado.

— Meu filho, meu filho! Você precisa de ajuda, isso é certo! E eu, como sua mãe, não sei mais o que fazer para ajudar.

— Não precisa se preocupar, mãe. Você sabe que tenho tudo sob controle.

— Tudo que você controla sai do controle — você sabe muito bem disso, Erasmino. À sua mãe você não engana.

Mudando ligeiramente o rumo da conversa, pois sabia que não chegaria a maiores resultados, D. Niquita perguntou:

— E as coisas com sua irmã? Já conversou com ela? Parece que até hoje vocês não estão bem um com o outro.

— Ela é igual a você, mãe. Insiste para eu procurar ajuda espiritual. Como se não bastasse, larga livros que falam de espíritos espalhados pela casa; esses dias, até em cima da minha cama, encontrei um. Ela sabe muito bem que não quero nada com isso. Meu negócio é outro, mãe.

— Mas você não fez as pazes com ela até hoje, meu filho? Sua irmã só quer mesmo ajudar. Fale com ela, vai...

— Tá bom, D. Niquita. Tá bom! Vou falar, sim.

— Me promete?

— Tá, mãe. Prometo — falou, acentuando as palavras na tentativa de soar convincente ao enganar a mãe. — Mas hoje, não; hoje eu mereço um descanso. Parece que vocês duas querem de todo jeito me envolver com esse tipo de coisa. Por acaso, você frequenta esses lugares, mãe?

— Claro que não, meu filho. Nunca fui em nenhum lugar assim. Mas tenho uma amiga que diz conhecer do assunto. Desconfio que ela frequenta. Posso até me inteirar com ela.

— Não me diga que é a tal da D. Ione, mãe do Igor.

Niquita desconversou para não comprometer a vizinha. Erasmino aproveitou a situação e saiu de perto da mãe. Estava exausto após o dia estafante de trabalho e as coisas, afinal, não andavam muito bem no ambiente profissional.

Enquanto Erasmino fugia da ajuda espiritual, os filhos de fé de Odete procuraram a tenda de umbanda indicada pela mãe. A princípio, quatro deles foram até o local para reconhecer o ambiente e pedir permissão aos dirigentes para realizarem uma pesquisa de campo.

— Claro que podem participar conosco, filhos — respondeu a coordenadora responsável à indagação dos filhos de fé enviados por Mãe Odete. — Aqui, somos abertos à participação de todos os interessados. Como vocês já sabem, a única coisa que pedimos é o respeito ao ambiente e aos nossos guias e orixás. No mais, não é preciso ensinar reza para padre — comentou D. Manuela, toda risonha com os visitantes.

— Agradecemos a simpatia e a permissão para que possamos participar, minha mãe — essa era a forma respeitosa de se dirigir à orientadora espiritual da tenda umbandista.

— Vocês chegaram num momento propício. Vamos nos reunir, justamente, agora, para uma aula sobre umbanda, que será ministrada por nós, os encarnados, e também contará com a participação dos espíritos — bom, pelo menos, assim esperamos! — caso eles queiram dar sua contribuição em nossos estudos.

— Então, podemos participar?

— Como não? São meus convidados. Venham, entrem em nosso salão.

— Sentimo-nos verdadeiramente honrados com tanta generosidade, Mãe Manuela.

Raphael, um dos filhos enviados por Odete, reparou na extrema simplicidade do ambiente. Não viu estátuas de santos, como no gongá de Odete. Também procurou símbolos e outros apetrechos de trabalho, como estava acostumado a ver na casa de caridade de onde vinha; mas nada. Ali, a decoração era mínima, singela. Compunham o altar, dispostos sobre uma toalha de linho alvíssimo e engomado, tão somente uma vela acesa, ladeada por dois jarros de flores, sintetizando tudo o que os olhos pudessem apreciar no ambiente. Além disso, um discreto aroma de rosas era percebido na atmosfera da tenda, da qual emanava candura e, ao mesmo tempo, certa solenidade; o salão inspirava respeito e reverência sem ser imponente, e era acolhedor. Viam-se várias pessoas sentadas, em oração, todas vestindo branco. Raphael olhou de maneira discreta para os outros três companheiros que vieram com ele. Todos notaram as discrepâncias marcantes, logo no início. Tudo era bastante diferente do que se observava na tenda onde atuavam. Sentaram-se. Logo após, um homem assumiu a frente e introduziu as atividades:

— Estamos aqui para nossa aula sobre a umbanda e seus mistérios. Recebemos, com o máximo carinho, nossos convidados e desejamos que se sintam bem e à vontade entre nós. Para começar, vamos dar a palavra ao nosso irmão de fé, Roberto Assis, que iniciará sua palavra hoje, pela primeira vez, em nossa tenda.

Após agradecer pela oportunidade e saudar a todos, Roberto, que teria apenas alguns minutos, iniciou sua fala:

— Meus irmãos, caros visitantes, hoje quero abordar um tópico que costuma gerar desconforto em nosso meio umbandista. Refiro-me ao fator consenso entre os praticantes da nossa sagrada umbanda. É compreensível que uma religião que tem tantas faces, tantas formas de se apresentar ao público, ao mundo, encontre dificuldade ao estabelecer uma posição consensual sobre determinado ponto, sobretudo, se levarmos em conta a grande variedade de seus integrantes e adeptos. Digo mais: tenho observado, em minhas pesquisas, que nem mesmo os espíritos chegaram ao consenso sobre diversos pontos, uma vez que muita coisa depende da interpretação, do fator cultural e — por que não dizer? — até do nível de escolaridade de quem estuda, lê e interpreta as questões relativas à umbanda. É claro que não defendo que os títulos acadêmicos mundanos tornem alguém, automaticamente, mais capaz de entender os preceitos sagrados; muito pelo contrário, como, tantas vezes, nos ensinou Jesus.[1] Mas ninguém há de acreditar

[1] Cf. Mt 11:25; Lc 10:21.

que uma boa educação básica não desempenhe uma função essencial na compreensão da doutrina umbandista, e até mesmo da prática.

"Acredito que, entre todos os segmentos filosóficos, religiosos ou de outra natureza qualquer, essa diversidade na maneira de ver as coisas e as variadas formas de interpretá-las seja algo muito comum. Por certo, não é somente na umbanda que isso ocorre.

"Vou dar como exemplo a questão relativa aos orixás cultuados em nossa sagrada umbanda. Em algumas vertentes, aceitam-se somente os sete orixás principais; os demais sequer são mencionados, embora sejam respeitados por diferentes segmentos umbandistas. Por outro lado, existem orixás habitualmente cultuados em barracões de candomblé e que são admitidos e reverenciados em numerosos templos de umbanda. Como exemplo, cito orixás como Oiá, Oxumarê, Nanã e até mesmo nosso pai Obaluaê, ou o velho Omulu. Nem todas as vertentes de umbanda orientam seus seguidores e médiuns a respeito deles, mas nem por isso podemos dizer que um ou outro lado estejam equivocados.

"Outro caso que merece análise é o fato de médiuns fumarem e beberem enquanto estão incorporados. Há quem defenda que elementos como o fumo e o álcool são instrumentos de trabalho necessários, a fim de que os espíritos possam realizar sua tarefa com médiuns umbandistas. Entretanto, outra corrente, que ganha cada vez mais espaço entre nós, sustenta que nossos guias não precisam de elementos tão materiais assim para desempenhar suas atividades, seja de descarrego ou qualquer outra. Então, perguntamos: qual das duas posições está correta? Quem está com a razão?

"De minha parte — eu, que sou um simples pesquisador — agradeço muito à Mãe Manuela, que nos dá oportunidade de discorrer sobre temas espinhosos sem nos obrigar a nos conformar com este ou aquele ponto de vista. Para mim, pessoalmente, encaro essa diversidade de opiniões como condutas claras que variam em função da necessidade do público, deste ou daquele terreiro, mas que variam, também, muito especialmente, de acordo com o dirigente material dos trabalhos. Ou seja, em minha opinião, os médiuns e dirigentes umbandistas imprimem em suas atividades forte componente pessoal, conforme sua formação sacerdotal e seus conceitos particulares acerca do que os próprios guias fazem. De tal modo que notamos, em diversos centros umbandistas, muitas características nem sempre advindas, necessariamente, da orientação espiritual, mas como produto do pensamento do dirigente material."

— Mas isso não constitui perigo na condução dos trabalhos da umbanda, meu amigo? — indagou um dos presentes, nitidamente, interessado no assunto, uma vez que acompanhara outras palestras na casa, em dias anteriores.

— Não vejo tamanho perigo, ao menos não no sentido que as pessoas geralmente atribuem ao termo. Antes de mais nada, é preciso notar bem, meu irmão, que não existe em nosso meio a cultura ou o costume de se perguntar aos guias e dirigentes o porquê de as coisas serem como são, ou de serem feitas dessa ou daquela maneira. Grande parte dos adeptos — me parece seguro dizer "a maioria" — tem medo de perguntar, de questionar, de investigar. Do outro lado, muitos orientadores de tendas de umbanda, no anseio de fazer valer seu ponto de vista e sua pretendida autoridade sobre seu grupo, emprestam um tom sagrado e, até, divino ao que ensinam e transmitem a seus filhos.

"Minha pergunta é a seguinte, quando me deparo com casos assim: se todos os guias pensam da forma como determinado médium ensina, por que existe tanta variedade na forma como se pratica nossa sagrada umbanda? Serão mesmo tão grandes o número e a diversidade de orientações dadas diretamente pelos guias a seus médiuns ou, quem sabe, são os médiuns e dirigentes que, ao transmitir tais ensinos, intuitivamente, lhes acrescentam o que compreenderam e o que creem como verdade, atribuindo tudo aos guias?

"Em qualquer hipótese, encontros como o que ocorrem nesta casa de caridade poderiam ser muito mais estimulados no nosso meio umbandista. Discussões como esta podem ser muito proveitosas para todos nós, principalmente, entre tantos outros motivos, pela oportunidade de esclarecer dúvidas assim, e outras mais que surjam, diante de tantos ensinos diferentes e, não raro, divergentes."

— Pois é, Roberto... Mas discordar de orientações como aquelas que você cita não significa desrespeitar nossos guias?

— perguntou Elisabete, uma das médiuns da casa.

— Com efeito, essa é uma crença arraigada em nosso meio, minha irmã; profundamente, arraigada. Mas discordar implica desrespeito, necessariamente? Em geral, tenho visto dirigentes e médiuns que ficam melindrados, ou mesmo indignados, quando alguém discorda das orientações que vêm através de sua mediunidade — ou faz tão pouco como questioná-las. Diante do que pergunto: por acaso médiuns são deuses? Será que nossos guias querem, de fato, que sigamos à risca a orientação deste ou daquele dirigente? A meu ver, num mundo que evolui mais a cada dia, discordar é esclarecer — ou esclarecer-se.

"Veja o que ocorre, aqui, nesta tenda onde nos reunimos. D. Manuela, nossa mãe, nunca exigiu que nenhum dos frequentadores, ou os chamados filhos, lhe beijassem mão, lhe pedissem a bênção ou batessem a cabeça diante dela. Ora, nunca pediu, sequer, que a chamassem de mãe! Ela se coloca, tão somente, como coordenadora dos trabalhos. Essa é uma atitude incomum em nosso meio, infelizmente. Digo isso, porque vou a muitos terreiros em nossa cidade e em outros estados, também. Ao agir assim, nossa querida Mãe Manuela — que chamo assim, apenas como uma forma respeitosa de reconhecer sua posição de orientadora espiritual deste lugar — consegue muito mais parceiros e amigos do que se fazendo passar por alguém detentor de poderes, de habilidades mediúnicas ou autoridade espiritual."

Percebendo o interesse dos ouvintes pelas reflexões suscitadas a partir de sua fala, Roberto arrematou:

— Bem, minha contribuição hoje, meus irmãos, é apenas introduzir a reflexão sobre um tema tão controverso entre nós. Uma questão que muita gente nem chega a levantar, devido aos tabus que cercam discussões como esta. Deixo aqui esses pensamentos e raciocínios para impulsionar seus momentos de reflexão nos estudos que temos desenvolvido.

Depois da fala de Roberto, foi dada a palavra a uma mãe-velha que incorporou em um dos médiuns da casa. Era Vovó Catarina, que trazia seu ponto de vista sobre alguns ensinamentos praticados ali, naquela casa de caridade que trabalhava em conformidade com os preceitos da umbanda. Depois de saudar os presentes na forma habitual de falar, ela começou a discorrer sobre os pais-velhos e pretos-velhos:

— Muitas vezes, meus filhos perguntam por que alguns espíritos escolhem se manifestar na roupagem espiritual de pai--velho ou mãe-velha, como no meu caso. Alguns chegam a dizer que o cativeiro acabou há muito tempo e que, do lado de cá, não existe escravidão. Nesse ponto, no que concerne ao lado de cá da vida, realmente não existe escravidão, ao menos, não nos moldes em que ocorreu em muitos países aí, na Terra de meus filhos. No entanto, nega-velha fica cá pensando em nossos motivos para continuar, do lado de cá da vida, e também quando nos manifestamos no mundo, a adotar essa roupagem.

"Muitos de nós escolhemos a forma espiritual que mais contribuiu para nosso aprendizado aí, no mundo. A maioria entre nós faz essa escolha. Alguns outros espíritos nunca tiveram experiências de cativeiro no Brasil, mas, em alguma medida, experimentaram o cativeiro da alma, o cativeiro mental e emocional em suas andanças pelos países do mundo antigo, em suas diversas reencarnações. Ao entrar em contato com a realidade sofrida do povo brasileiro, vendo os diversos tipos de escravidão e as diversas formas de submissão existentes nos dias de hoje, acabam por optar pela figura do pai-velho ou da mãe-velha. É uma questão de escolha para alguns; para outros, não. Vale lembrar que o número real de negros escravos que vieram para o Brasil, ou que aqui nasceram como tal, é muito mais expressivo do que as estatísticas e números oficiais apresentados pelos homens responsáveis por contar o seu passado. Somado a isso tudo, o contingente de negros que morreu vítima de maus tratos durante a escravidão ou, ainda, vítima de doenças que poderiam ser evitadas, não fosse o abandono que o regime escravocrata instigava, foi bem maior do que está registrado nos anais da história de meus filhos.

"Assim, nega-velha fica matutando, como se dizia nos dias antigos: onde estariam essas centenas de milhares de negros que desencarnaram no Brasil, durante os mais de 300 anos de escravidão no país? Onde estariam os milhares de índios escravizados ou mortos no solo brasileiro, após o seu desencarne? Será, pergunta nega-velha, que só existem brancos desencarnados e os demais foram obrigados a modificar a cor da sua pele, após desencarnar? Será que os brancos encarnados continuam escravizando os antigos negros, agora desencarnados, e querem proibir que eles se manifestem nos cultos e religiões de cunho mediúnico neste país? Esta questão, meus filhos, vai muito além das respostas que possam ser dadas às perguntas feitas por nega-velha.

"Questiono, ainda, se, porventura, existe um padrão espiritual, um tipo ideal para o ser se manifestar, assim que desencarna? Nem citamos o fato de que, em nossa sagrada umbanda, temos ainda, além dos negros e caboclos índios, outros caboclos, tais como os boiadeiros, baianos e marinheiros, além de indianos, mongóis e orientais, de forma geral, sem falar nos ciganos e tantos outros representantes de povos que são rejeitados por muita gente, marcados pelo preconceito sobrevivente nos dias atuais. Além de ostensivo entre os filhos, o preconceito muitas vezes é estendido aos espíritos.

"Quando ouço algumas interpretações de certos irmãos de fé que adotam outra prática diferente da nossa umbanda, me vem à memória as antigas senzalas e as proibições dos senhores dos escravos, dos donos de engenhos e outros mais. Muitos transformam nossa umbanda numa espécie de quilombo, onde querem delimitar a ação dos espíritos que se apresentam na conformação espiritual de pais-velhos e mães-ve-lhas. De outro lado, pretendem converter casas espíritas em redutos de senhores de engenho, imagino eu, pois proíbem que habitantes do Invisível que não apresentem o tipo euro-peu, branco, de postura considerada mais correta e palavreado difícil, possam se manifestar em seus centros. Então, por aca-so o mundo espiritual se define apenas pela cor da epiderme espiritual e se resume a negros e brancos, cada um em seu *habitat* original — leia-se senzala e casa-grande? Porventura, pen-sam que, na pátria imortal, só têm vez aqueles que, na Terra, ostentaram títulos e posições sociais elevadas?

"Diante desse contexto, nega-velha pode afirmar, meus filhos, que esse negócio de escravidão ainda é uma história não acabada. E digo isso me referindo aos dois lados da vida. Se, até hoje, negro sofre preconceito, mesmo depois da mor-te, então os espiritualistas terão de rever o conceito de liber-dade, de escravidão e de muitas outras coisas que ocorrem nos ambientes das reuniões mediúnicas e que servem apenas para realçar a ideia de que negro é atrasado, que negro é só para quando as coisas não têm mais jeito — desde que dentro dos métodos dos brancos. Somente assim, poderemos crescer, refazendo essa visão a respeito dos vivos do Invisível, de todos os povos e culturas do mundo."

Diante do exposto pela mãe-velha como uma introdução à fala dos espíritos naquele dia, um filho de fé lhe indagou:

— Vó Catarina, a senhora podia nos dar uma explicação sobre os orixás africanos, aqueles que os negros trouxeram de seus cultos na África e que, muitas vezes, sequer ouvimos falar dentro da umbanda?

Com a pergunta, a mãe-velha modificou o assunto, deixando os filhos meditarem sobre suas palavras até ali. Com notória boa vontade, respondeu:

— Pois é, meu filho — iniciou Vovó Catarina. — Segundo a compreensão e os registros do lado de cá da vida, os orixás representam forças dinâmicas da natureza no *ayê*, ou seja, no mundo ou universo físico. De certo modo, eles são a manifestação dos atributos divinos em forma de forças, energias, domínios da natureza e entidades não encarnantes. São, também, os guardiões da natureza e com ela se confundem, muitas vezes, pois que manifestação e essência assimilam os fluidos um do outro — nega se refere ao aspecto panteísta dos orixás.

"Na mãe África, além desses orixás tidos como principais, existiam diversos outros, de seres divinizados até ancestrais elevados à categoria de semideuses, os quais, também, eram cultuados em muitas nações. Tradicionalmente, estavam ligados a esta ou aquela nação e nem todas cultuavam todos os orixás, nem mesmo os considerados mais importantes. Assim, havia cultos regionais ou nacionais a este ou aquele orixá, até porque, dificilmente, uma nação conseguiria cultuar todos os orixás, devido ao elevado número deles que se conheciam em terras africanas, já naquela época. Vindo para o Brasil, os negros trouxeram aqueles orixás que mais se aproximavam da sua realidade, tendo em vista seu clã, sua tribo e sua procedência.

"Hoje, na umbanda, existe grande variedade de interpretações sobre os orixás. Não há, ainda, entre os filhos encarnados, sacerdotes umbandistas, um consenso a respeito do culto aos orixás. Contudo, meus filhos, como na umbanda a tendência é descomplicar, é tentar simplificar e tornar acessível o conhecimento espiritual, ocorre a mesma coisa no que tange aos orixás.

"Quando o pesquisador adentra o mundo das religiões

de matriz africana e, logo em seguida, compara-o com as origens da umbanda e sua diversidade de manifestações, percebe uma disparidade muito grande entre os orixás ancestrais dos africanos e aqueles cultuados em nossa umbanda, principalmente, se o pesquisador levar em conta o sincretismo existente na umbanda. Aí, sim, ele consegue identificar, nitidamente, as diferenças entre o conceito de orixá no âmbito das religiões de matriz africana, como em cultos de candomblé, e na umbanda. Tais discrepâncias merecem ser, realmente, estudadas, pois serão notadas, até mesmo, na forma como cada orixá é cultuado ou reverenciado.

"Além disso, apesar de na umbanda não haver uma doutrina codificada, única — ou talvez, por isso mesmo —, é importante notar que certos orixás podem ser cultuados em determinada vertente umbandista e em outra, não. Orixás como Logunan, Oro Iná e Oxumarê, entre outros, sequer são conhecidos em muitos terreiros deste país. Em determinados ramos da umbanda, Oxóssi acaba assumindo os atributos de Ossaim ou Ossanha; em outros, Oxum, Nanã e Iansã são tidas como caboclas, e não orixás.

"De modo que podemos dizer que o mais importante não são os atributos dos orixás segundo este ou aquele segmento; nega-velha considera que o principal é o filho aprender a identificar com qual orixá meu filho tem mais ligação, a fim de poder se relacionar melhor com a natureza dele, independentemente, da quantidade de orixás ou de quais deles são admitidos ou cultuados na vertente umbandista a que o filho se filia. Em outras palavras: o importante é simplificar para viver uma fé mais simples, genuína e verdadeira."

Respirando fundo através do médium, Vovó Catarina deu algumas informações complementares, que muito esclareceram sobre as características e a relação de alguns orixás.

— Pensando em aplicar esse conhecimento, meus filhos, vamos examinar alguns orixás cuja energia ou egrégora, como dizem meus filhos do segmento esotérico, podem ser evocados para auxiliar nos trabalhos práticos de nossos irmãos.

"Ogum, por exemplo, é um orixá popular em todas as tendas e ramificações umbandistas, até mesmo, em alguns centros espíritas. É o orixá da proteção, que abre os caminhos, razão pela qual muitas vezes é associado às campinas, onde não há caminhos fechados. Atua diretamente associado aos guardiões, que, na umbanda, são conhecidos como exus. Ogum é, ainda, a lei que a tudo regula no universo; a ordem e disciplina militar, severa, quase rígida. É o senhor que promulga e defende a lei, enquanto Exu é o soldado que a faz cumprir.

"Xangô, em suas diversas manifestações, é a justiça, a equidade; é associado à razão, ao bom senso, ao equilíbrio entre o bem e o mal, entre o correto e o injusto, entre o caos e a ordem. Alguns caboclos vibram nessa frequência e, em geral, se manifestam com a energia vibrante desse orixá, como é o caso do Caboclo Sete Pedreiras, do Caboclo Sete Montanhas e outros tantos que seguem a regência do orixá que, na umbanda, representa a lei do carma.

"Oxóssi remete ao conhecimento de cura, à cor verde, à tranquilidade do azul-celeste, ao verde das matas, à seiva das folhas. É associado ao seu irmão, Ossaim, e à prosperidade que a mata simboliza, se considerarmos os frutos das árvores e a abundância que encontramos em meio à natureza.

"Oxalá, sincretizado com Nosso Senhor Jesus Cristo, representa a energia da paz, do amor mais universal, humanitário, da fé, da caridade e da espiritualidade. Vibrando nessa frequência, podemos citar os caboclos Urubatão da Guia, Aimoré, Ubirajara, Guaracy, Guarani, Tupi, entre outros mais, que costumam representar a energia desse orixá, perante os umbandistas.

"Iansã, por sua vez, é puro movimento, realização, direcionando os espíritos recém-desencarnados até seu lugar no plano astral. É fogo que rapidamente se alastra, associado à transformação brusca, bem como aos raios e às tempestades. É, ainda, senhora das emoções mais ligadas às questões afetivas e familiares.

"Iemanjá, cujo elemento é a água salgada, primeiramente lembra a vida, o nascimento, a concepção, para depois nos remeter à manutenção da própria vida e à limpeza, uma limpeza profunda, que corrói energias densas, como o sal é capaz de fazer.

"Omulu relembra a cura, mas de um jeito bem diferente de Oxóssi, está ligado à transformação, à decantação, à dualidade doença-saúde.

"Por sua vez, Oxum é a doçura das águas das cachoeiras

e dos rios, além de sintetizar a união, a sensualidade, a beleza e a sutileza. Vibrando na frequência de Oxum encontramos muitas caboclas, tais como Iara, Iracema e Indaiá, entre outras, as quais são peritas na limpeza suave e sutil de energias densas e contagiosas, pois sabem dinamizá-las com a vibração sutil das águas doces.

"Como se pode deduzir, na visão dessa nega-velha, o mais importante não é a forma de cultuar essas energias, representadas pelos orixás, mas, sim, o conhecimento de seus atributos para poder recorrer a eles de maneira acertada quando necessitarmos acionar determinadas energias em nossos trabalhos de caridade. Mais do que oferendas, a relação com os orixás precisa ser desmistificada, desmaterializada. Meus filhos devem se concentrar em se aprofundarem a respeito de suas características fluídicas e simbólicas, pois, assim, evoluiremos de um culto de ordem material para uma relação mais transcendente com essas energias vibrantes da natureza e do cosmo."

Vovó Catarina sabia que não agradaria todos os presentes com sua preleção sobre os orixás, mas, como lhe foi perguntado, ela se incumbiu de resumir, ao máximo, sua própria visão do assunto, sua opinião pessoal, pois sabia que havia, no salão, quem não reunisse condições de ir muito além em seus raciocínios restritos acerca do tema.

Após a palavra de Vovó Catarina, a qual se estendeu por mais alguns minutos, e sua despedida, os filhos de santo de Odete que vieram participar dos trabalhos e acabaram se beneficiando das palestras, retornaram ao terreiro de origem cheios de dúvidas e ideias. Com certeza, dariam muito trabalho à sua mãe de santo, a partir do que ouviram ali.

Dois outros filhos daquela casa permaneceram ali para arrumar o terreiro e aproveitaram para, logo após, durante os trabalhos de assistência, pedir uma palavra com algum espírito que por ali estivesse, caso a médium pudesse se dispor como instrumento. Teriam algumas perguntas que não queriam fazer em público, embora as considerassem perguntas de conteúdo simples. Apenas temiam levantar polêmicas, uma vez que havia representantes de outros terreiros ali, os quais adotavam práticas diferentes das que vigoravam na casa de Mãe Manuela. Foi assim que um dos filhos perguntou, após ficarem a sós com os médiuns e, principalmente, com o médium de Vovó Catarina, o qual se colocou à disposição caso a entidade também se dispusesse:

— Nega-velha ainda está aqui, meus filhos, então, vamos ao que incomoda os meus filhos de fé.

O trabalhador, satisfeito com a abertura da mãe-velha, formulou assim sua dúvida:

— Minha vovó, eu queria saber sobre certos costumes de se cobrar para realizar trabalhos, em algumas tendas de umbanda. O que minha mãe pensa a respeito disso?

— Ah! Meu filho! Essa é uma questão que realmente exige de meus filhos a máxima atenção. No caso dessa tenda de caridade, nega-velha estabeleceu como regra que nunca se deveria cobrar, absolutamente nada, pelos trabalhos espirituais. No entanto, também sugeri ao médium, para não pesar sobre os ombros de ninguém, principalmente sobre os dirigentes, que os participantes — isto é, o corpo mediúnico — pudesse contribuir com a manutenção dos trabalhos. Pois meus filhos não ignoram que, mesmo adotando uma forma simplificada, os filhos encarnados têm de arcar com muitas despesas do nosso culto, sejam ervas para os banhos de médiuns e, às vezes, de frequentadores; sejam velas, que, apesar de usarmos poucas, ainda são necessárias, diante da característica da fé das pessoas que aqui aportam; sejam despesas ordinárias de manutenção, reforma e outras mais, de que o público geralmente nem ao menos suspeita, ou tampouco se interessa em saber. Nega-velha fala de necessidades físicas, despesas materiais com as quais alguém terá de arcar, portanto, nega-velha sugeriu que, para não pesar sobre os frequentadores e aqueles que procuram ajuda, os médiuns possam dividir entre si a manutenção do trabalho e da casa em si.

"Contudo, cobrar pelo atendimento, por limpeza energética e outros trabalhos de ordem, eminentemente, espiritual ocasionaria o afastamento dos espíritos sérios e comprometidos com o bem de meus filhos, que cederiam lugar a embusteiros e mistificadores. Porém, é claro que, no caso da umbanda, meus filhos, vocês precisam ter bom senso em tudo. Um trabalho de limpeza, por exemplo, exige ervas e outros elementos. Nesse caso, não defendo que se cobre pelo atendimento, mas que o consulente seja responsável por trazer, ele próprio, as ervas que serão utilizadas em seu benefício. Em tudo, é preciso bom senso. Quanto a terreiros que cobram por quase tudo, nega-velha prefere não se pronunciar, pois não vejo isso como um comportamento ético por parte de quem assim procede.

— E no caso de quem nos procura pedindo ajuda, mas não acredita nos guias, em nossa umbanda, e recorre a nós, simplesmente, porque está necessitado e não vê alternativa? Como proceder?

— Ah! Meu filho! A gente não está aqui para convencer ninguém, para converter ninguém, mas para praticar a caridade, pura e simplesmente, sem esperar reconhecimento de ninguém. Portanto, nesse caso, a resposta é muito mais fácil: ajude, meu filho; ajude e passe. Faça sua parte e a vida fará o resto — a preta-velha foi direto ao que importava em qualquer trabalho espiritual. — Contudo, filhos, não esqueçam que quem vem pedir socorro precisa ser esclarecido, informado, pois, se está numa situação complicada em sua vida espiritual, na maioria das vezes é por falta de conhecimento. Sendo assim, o trabalho em benefício do próximo só pode ser considerado completo se aliado ao esclarecimento. Sem o conhecimento das leis espirituais e da responsabilidade de cada um, é impossível que a cura seja eficaz e completa.

Outro filho ali presente aproveitou o colóquio com a entidade para perguntar:

— Vovó, desculpe incomodar com tanta coisa, mas tenho pesquisado muito sobre a nossa umbanda e não encontro um consenso, como foi dito aqui, mais cedo, sobre os responsáveis espirituais por certos trabalhos especializados no astral. Falo a respeito dos chefes de falange ou mentores diretos de certos grupos de espíritos especialistas. A Vó poderia dizer alguma coisa a respeito?

— Oh! Meu filho, desde que seja para o aprendizado dos filhos de fé e a necessidade íntima de esclarecimento, meus filhos nunca incomodam esta nega-velha. Entretanto, repare bem: as informações que trago da Aruanda nem sempre são aquelas aceitas, universalmente, pelos filhos encarnados. Ainda assim, nega-velha pode confirmar para meus filhos a respeito de certos iniciados da espiritualidade, alguns conhecidos pelos encarnados e outros, não.

"Na linha oriental, por exemplo, temos diversas legiões

de servidores sob o comando de espíritos mais experientes e esclarecidos. A legião dos hindus é chefiada pelo espírito Zarthú do Oriente; outro hindu, o Chefe Zura, lidera a Legião de Maria, enquanto a dos japoneses e chineses tem como orientador o espírito conhecido como Ori do Oriente, um chefe de falange muito respeitado no mundo superior.

"Os médicos e cientistas voltados ao trabalho do bem, no conhecimento da Aruanda, são orientados por José de Arimateia, enquanto os povos árabes e marroquinos têm como referência o espírito conhecido, do lado de cá da vida, como Jimbaruê. Alguns desses nomes são desconhecidos por meus filhos de Terra, mas, mesmo assim, podem ter uma ideia de como funciona a hierarquia espiritual entre os servidores do bem.

"A legião de egípcios, por sua vez, é orientada por Aquenáton e um colegiado de iniciados dos templos antigos de Tebas e Karnac. Os povos astecas, mongóis e esquimós, bem como determinadas raças da antiguidade de nosso planeta, são comandados por um espírito que, em uma de suas reencarnações mais recentes, foi o imperador inca Inhoarairi. Na verdade, meus filhos, é o mesmo espírito que, em passado remoto, foi um dos últimos reis da Atlântida."

Interrompendo Vovó Catarina, outro médium, Paulo, perguntou motivado por um interesse repentino no tema:

— Vovó, essas falanges são, também, falanges de guardiões? Ou são de outros trabalhadores do astral, que nada têm a ver com os guardiões?

— Entre as que citei, meu filho, somente a dos cientistas e médicos não pertence à equipe de guardiões superiores, mas a um grupo de especialistas ligados, exclusivamente, à saúde. Quanto às demais falanges, pode-se dizer que fazem parte, sim, da hierarquia de guardiões com suas especialidades diversas.

Retomando a fala, após breve pausa, a mãe-velha ainda acrescentou:

— Temos registros, também, na Aruanda, de que os antigos gauleses se reuniram em falanges de guardiões sob o comando de Marcus I, imperador romano, que também coordena uma legião de antigos soldados do império que se converteram ao cristianismo. De outro lado, Sérvulo Túlio está à frente um grupo de legionários que auxilia os guardiões superiores em suas tarefas junto à humanidade.

"Se ficássemos descrevendo aqui os responsáveis pelos diversos agrupamentos de espíritos especializados, decerto tomaríamos muito tempo de meus filhos de fé, mas acredito — disse vovó Catarina, toda solícita — que o que nega-velha falou já é o suficiente para meus filhos iniciarem suas pesquisas."

— Puxa, minha vó, fico muito feliz por nos darem esta oportunidade de conversar em particular a fim de esclarecermos coisas que, talvez, nem sejam importantes para os outros, mas, para nós, sinceramente, fazem parte de nossos interesses, dentro dos trabalhos que desempenhamos.

— Filhos, nega-velha entende muito bem a curiosidade de quem se dedica a estudar e pesquisar, mas não se deixem envolver com nomes e posições hierárquicas, tampouco com especulações sobre qual é o orixá de vocês ou como cultuar cada um deles. Acima de tudo, preocupem-se, sobretudo, com os ensinamentos e as vivências que farão de vocês pessoas melhores, homens de bem, cidadãos e pais ou mães de família respeitáveis e éticos. Mais do que conhecer aquelas informações, meus filhos devem buscar a simplicidade e simplificar seu estilo de vida, a fim de viverem com mais qualidade, pautando-se no exemplo maior que todos nós temos, que é o Nosso Senhor Jesus Cristo. A necessidade maior é a de viver, de maneira genuína, uma ética maior, mais ampla, cósmica. Sem isso, o conhecimento a respeito de nomes de orixás e de falangeiros, bem como sobre o trabalho dos espíritos superiores, não passará de mera informação, sem capacidade de transformar meus filhos em pessoas melhores. Informação satisfaz a curiosidade, mas pergunto, filhos: sem procurar viver o Evangelho, de que adianta acumular conhecimento? O que você fará desse conhecimento todo, no que tange à humanidade? Em que o saber sobre orixás e hierarquias espirituais, por si só, fará de você um espírito melhor e mais íntegro? Tenha sempre isso em mente, sem desistir de pesquisar; não perca de vista o objetivo, que é investir em qualidade de vida, de vida espiritual, ajustando sua vivência para que seja, minimamente, coerente com seu discurso e conhecimento.

Vovó Catarina encerrou ali sua participação no esclarecimento dos filhos de fé, naquele dia. Afastando-se do médium, encontrou Pai Damião, que a esperava ao lado. Juntos, rumaram para outras estâncias do universo. Foram para Aruanda, o lar dos pais-velhos e dos espíritos que trabalhavam na umbanda, sob a bandeira da caridade.

ENTREMENTES, Erasmino conversava com sua mãe, sem saber dos acontecimentos que o levariam, mais tarde, a ter contato com a realidade da umbanda e dos guias que poderiam ajudá-lo.

— Mãe, sinceramente, tenho pensado bastante em meu caso, principalmente, depois que fui àquele psicólogo — começou Erasmino a relatar à mãe as suas preocupações. — Estou, cada dia mais, com medo de perder meu emprego. Tenho sentido interferências estranhas em minha mente, agora dentro do trabalho. Será que estou ficando louco?

— Meu filho, nem vou mais falar com você sobre questões que não quer ouvir, portanto, não sabendo mais o que fazer para ajudar, pergunto: o que você acha que está ocorrendo? A que tipo de interferências se refere?

— Tenho visto coisas estranhas, mãe. Semana passada vi uma coisa esquisita descendo da parede ao meu lado, escorregando, até atingir o chão. Parecia um homem, mas, ao mesmo tempo, parecia um réptil, um tipo de lagarto, algo pegajoso. Tentei nem olhar direto, pois me pareceu que, encarando-o diretamente, a visão não sumiria das minhas vistas. Logo, um par de olhos imensos me encarava. Tive de me levantar e ir até o banheiro para lavar o rosto e me refrescar. Fiquei com medo, muito medo.

— Pois é, filho, acho que você está chegando a um ponto que precisa de algo mais especializado. Mesmo que você vá só para resolver o seu problema e depois vá embora, sem se envolver mais diretamente. Fato é que, assim, não pode ficar...

Erasmino estava apreensivo com os últimos acontecimentos. Por sua vez, Niquita, inquieta, incomodada, ensaiava procurar Ione de novo, antes de ficar, completamente, desesperada. Mas se conteve. Em suas conversas com Ione, a vizinha nunca deixara muito claro se ela entendia mesmo de espiritualidade ou se apenas conhecia rumores, por ter lido aqueles livros. Ione assumia uma posição de esquivar-se do assunto quando se tratava de declarar à amiga que realmente frequentava ambientes ligados à umbanda. Ela conversava e desconversava, deixando Niquita sempre na dúvida. Será que tinha medo de ser mal compreendida? De qualquer modo, a mãe de Erasmino resolveu tomar outra iniciativa, antes de recorrer à vizinha. Afinal, não poderia deixar as coisas se agravarem ainda mais para o filho.

— Não sei o que fazer, mãe. Se procuro ajuda psicológica — embora, dentro de mim, não acredite que a psicologia possa me ajudar —, se recorro outra vez à psiquiatra e eles me enchem de remédios que me deixam lerdo, dopado, sem conseguir trabalhar direito... Esses dias fui chamado para uma conversa com meu superior. Ele me tratou até muito bem, mas estava desconfiado de que algo errado ocorria comigo. Tive de dar uma desculpa.

— E o que pretende fazer, filho, uma vez que você não aceita ajuda espiritual?

— Não sei, D. Niquita — falou Erasmino para a mãe, abraçando-a. — Não sei, sinceramente!

Depois de um longo período abraçado com a mãe, pediu, com lágrimas nos olhos:

— Reza para mim, mãe! Estou com medo! Sempre acho que tem alguém ao meu lado; tenho a impressão de que são várias pessoas. Ao me deitar, parece que tem um homem na minha cama, mas sinto que não é ninguém com má intenção. No entanto, logo essas impressões passam. Pelo que tenho lido, o meu quadro sugere um tipo de doença mental, algo que os estudiosos chamam de psicose — e Erasmino chorava em busca de socorro da mãe, embora não aceitasse a ajuda sugerida por ela. Pelo menos, até então. Niquita segurava as próprias emoções para não sucumbir diante do filho; precisava ser forte naquele momento.

— Deus do céu! — pedia ela em oração, abraçada ao filho. — Me envia ajuda espiritual! Não sei mais o que fazer pelo meu filho... Me valei, Nossa Senhora Aparecida! — e as lágrimas pareciam escorrer por dentro, enquanto, por fora, permanecia firme, sofrendo com o filho, sem deixar que ele notasse.

Assim que Erasmino a deixou, enxugando os olhos, Niquita desabou em pranto. Chorou tanto que os olhos incharam. Ali mesmo se ajoelhou, rogando a quem a ouvisse, que enviasse auxílio. Precisava de força e coragem, de fé e determinação para ajudar o filho, que estava em apuros cada vez mais graves.

Se pudesse cruzar a fina película que separa as dimensões, Niquita teria ouvido algo que lembrava o adejar de morcegos repercutir no ambiente. Junto a isso, ouviria um grasnar de ódio, de raiva incontida, de alguém, um ser do Invisível, que fora expulso dali mediante o impacto das vibrações da oração da mãe e da mulher que, dos recônditos mais profundos da alma, clamava genuinamente por socorro. A situação toda ilustrava certo ensinamento: "Pedi, e dar-se-vos-á; buscai, e achareis; batei, e abrir-se-vos-á".[2]

[2] Mt 7:7. E o texto bíblico que registra a fala de Jesus continua: "Pois todo o que pede, recebe; o que busca, acha; e a quem bate, abrir-se-lhe-á. Qual de vós dará a seu filho uma pedra, se ele lhe pedir pão? Ou uma serpente, se pedir peixe? Ora se vós, sendo maus, sabeis dar boas dádivas a vossos filhos, quanto mais vosso Pai que está nos céus, dará boas coisas aos que lhas pedirem" (Mt 7:8-11. BÍBLIA Sagrada. Barueri: Sociedade Bíblica Britânica, 2008).

8
DESCARREGO

DIA SE INICIOU com Niquita determinada. Procuraria ajuda espiritual na igreja. Ouvira falar de um pastor, muito poderoso, que exorcizava demônios. Saiu logo após o almoço para procurar pela igreja tão falada. Nesse momento de desespero, qualquer ajuda valeria; de qualquer procedência que viesse, seria bem-vinda.

Localizada na região do Brás, na capital paulista, a igreja era bem grande. Porém, naquele momento do dia, só encontrara, ali, três pessoas de plantão, coletando nomes de interessados em orações, à porta da igreja.

— Boa tarde, minha irmã! Quer uma oração? Deseja ser auxiliada por Deus?

— Ai, seu moço, o senhor é o pastor? Estou desesperada e precisando de ajuda espiritual.

— Seja bem-vinda, minha senhora. Jesus te ama e tem um presente para sua vida. Eu não sou o pastor da igreja; sou um diácono e estou aqui para lhe dar um recado do Senhor.

— Do senhor? Do pastor?

— Não, minha irmã; do Senhor Jesus! Ele tem um plano para a sua vida.

— Ah! Moço... Não precisa incomodar Jesus assim, não. Eu me contento em falar com o pastor. Ele está aí na igreja, agora? Preciso falar com ele com urgência.

— O pastor só chega à igreja uma hora antes da pregação, minha irmã. Se você quiser, podemos fazer uma oração que libertará sua vida das garras do inimigo.

Niquita não entendia o vocabulário do rapaz que a recebia, vestido de um terno preto, gravata azul-*royal* e camisa branca, apesar do calor daquela tarde causticante de verão.

— Desculpe, seu moço, mas já que o senhor não é o pastor da igreja, vou preferir esperar. Não se preocupe. Eu não tenho inimigo nenhum; venho pedir ajuda espiritual para o meu filho, só isso.

— Mas, minha irmã, o pastor vai demorar pelo menos umas 3 horas até chegar. Enquanto isso, vamos fazer uma oração para você, pois o inimigo das almas anda à solta por aí. O demônio está rondando o mundo e, através da oração, vamos poder expulsar o Diabo de sua vida e libertar você das suas garras!

Impaciente e sem compreender muita coisa das palavras do rapaz cheio de boa vontade, Niquita reagiu, quase o ofendendo:

— Pare com isso, menino! — disse ao rapaz, como se estivesse falando com o próprio filho, naquele jeito matreiro de uma mulher comum, de origem interiorana. — Que mania é essa de demônio, de inimigo? Parece que você é quem está precisando de ajuda. Venho aqui procurar ajuda de Deus e você só fala no demônio! Eu, hein? Não quero sua oração, não, moço; eu sei rezar muito bem.

O rapaz desistiu da tentativa. Niquita entrou na igreja e ajoelhou-se ali mesmo, sozinha, para rezar.

— Engraçado! — pensou sozinha. — Nenhuma imagem de santo, aqui...

Niquita era tão imatura com questões de religião que nem sabia que igrejas neopentecostais não exibiam imagens. Acreditava, sinceramente, que todas as igrejas eram semelhantes à católica, só mudava o padre: um usava batina, o outro, traje e gravata. Não fazia a menor ideia de que muitas coisas eram diferentes. Estava apenas interessada no milagre que o pastor realizaria, nada mais. Queria libertar o filho e, depois, deixaria o pastor em paz. Não precisaria mais voltar ali, segundo entendia. Era simples assim.

— Será que o moço das orações não entendeu minha necessidade? O pastor faz o que eu preciso e eu deixo essa gente em paz. Ora, é tão simples! — Niquita pensava, agora, em voz alta. Depois de mais de 40 minutos esperando e inquieta ao extremo, a mulher levantou-se e foi até a porta da igreja, resmungando.

— A que horas o tal pastor dos milagres chega aqui, meu filho? Vai, me diga!

O rapaz a encarou como se Niquita estivesse com o demônio no corpo e, já sabendo que lidava com alguém difícil, que agia de modo intransigente, respondeu sem tentar qualquer nova abordagem. Afinal, havia outras pessoas ali fora, na porta da igreja, que queriam ser salvas.

— O pastor só chega uma hora antes do culto, minha irmã, como lhe falei.

— Pelo amor de Deus, menino, me diz que horas começa o tal culto. Fala, pois dizer que é uma hora antes não esclarece nada para mim...

O rapaz já havia dado uma estimativa, mas, pacientemente, informou com detalhes:

— O culto começa às 19h30, minha irmã. E hoje teremos descarrego.

— Ah! Sei — respondeu Niquita, retirando-se sem se despedir, como se estivesse entendido, perfeitamente, o que era um descarrego. Foi direto a uma padaria no bairro, onde faria um lanche e, talvez, aguardasse a hora do pastor chegar.

— E eu achava que esse negócio de descarrego fosse só coisa de macumba. Será que Ione sabe que na igreja eles fazem esse negócio, também? — pensou consigo mesma, antes de entrar na padaria.

— Será que eles recebem, aqui, também? Pois se tem descarrego, talvez o pastor seja médium e receba espíritos, igual Ione me informou que acontece nos livros que leu.

Pôs-se a escolher o lanche, enquanto se distraía, mentalmente, com mil ideias a respeito do que seria uma sessão de descarrego. Entretanto, não chegara a nenhuma conclusão que a satisfizesse. Preferiria esperar o tal pastor que realizava milagres. Após algum tempo, regressou à igreja, que agora já contava com alguns fiéis sentados, lendo a Bíblia, e um grupo cantando à frente.

— Você me apresentará ao pastor, não é, meu filho? — dirigiu-se, novamente, ao rapaz que a atendera antes do entardecer.

— Com certeza, minha irmã. Fique tranquila, pois Jesus tem uma bênção para a sua vida hoje.

— Já te falei, meu rapaz: não quero incomodar Jesus com meus problemas, não. Tadinho, ele deve ser tão ocupado... Basta o pastor me receber que eu já fico contente.

O rapaz revirou os olhos, rogando a Jesus:

— Senhor, dá-me a vitória!

— O que você disse?

— Nada, minha irmã, nada demais. Só uma oração, mesmo. Pode ficar ali, sentada e quieta. Logo que o pastor chegar, eu lhe apresento a ele.

Niquita sentou-se ao lado de uma mulher que segurava a Bíblia.

— Este é um livro espírita, também? — perguntou sem perceber o olhar de reprovação da mulher ao seu lado. — Sabe, como aqui tem descarrego, acho que vocês deveriam conversar com minha amiga Ione. Ela entende dessas coisas muito bem. E ela até lê livros, sabia? Ô mulher que gosta de ler... Sabe, em toda a minha vida, eu nunca terminei de ler um livro todo. Cansa muito, sabe?

A mulher, junto da qual estava sentada, levantou-se sem dizer nada e sentou-se em outro banco, mais afastado, inquieta com as observações de Niquita. A mãe de Erasmino entendeu, finalmente, que estava incomodando. Ficou quieta a partir de então.

— Que povinho difícil! — acabou balbuciando em voz baixa.

Resolveu, logo em seguida, ajoelhar-se em oração, pois via algumas pessoas ali fazendo o mesmo. Concentrou-se e pediu fervorosamente:

— Minha Nossa Senhora Aparecida, minha Nossa Senhora das Graças, ajudai para eu obter um milagre para Erasmino! Ele precisa de ajuda. Não sei mais o que fazer.

Não se dava conta de que ninguém ali pedia ajuda a santos. Sua fé era tão simples que jamais conceberia que alguém, no mundo, não acreditasse em Nossa Senhora e não recorresse a ela nos momentos difíceis.

O pastor entrou no ambiente e logo foi apresentado a Niquita pelo diácono solícito. Da entrada na igreja até ser apresentado à mulher, o pastor foi informado a respeito dela. Estava preparado para as dúvidas da mãe desesperada.

— Ah! Pastor! Meu filho vê vultos por todo lado e está quase sendo considerado louco. Ô, tadinho do meu filho, pastor! O senhor precisa ajudar o Erasmino logo — disse meneando a cabeça, virando-a sobre o ombro, como quem quisesse adotar uma postura que transmitisse comiseração.

— Vamos pedir por ele, minha irmã. Hoje o demônio vai ser expulso de todos aqui. Estou seguro de que você alcançará a libertação que veio buscar. Vou fazer uma oração muito poderosa no culto. Basta você se concentrar no seu filho e, depois deste dia de libertação e vitórias, trazê-lo aqui para dar o testemunho do que ele conseguiu de milagres na vida dele.

Niquita olhava o pastor sem alcançar todo o sentido do que ele dizia, pois o vocabulário que ele usava, embora simples, era muito distante do que ela estava acostumada.

— Eu terei de ficar aqui para o culto? Já cheguei tão cedo hoje e tenho de pegar três conduções para voltar para casa...

Eu só queria que o senhor fizesse um milagre, algo simples, pastor, por favor...

— Desculpe, minha irmã, mas temos de obedecer às regras. Fique para o culto e não se arrependerá. Jesus vai libertar o seu filho.

O pastor se retirou sem dedicar mais tempo a Niquita. Foi atender a outros compromissos, antes do culto da noite.

Quando a música estava no auge, todos louvando, clamando, tudo regado a muito choro, um pranto que afirmavam ser inspirado pelo Espírito Santo de Deus, o pastor entrou no ambiente, colocando-se de pé no púlpito, ladeado por um grupo de mais seis homens de Deus. A igreja havia se enchido de fiéis e outras centenas de pessoas reclamando ajuda.

Niquita estava na segunda fileira, ao lado do corredor. Fora tragada pelo fervor dos presentes: pulava, dançava e gritava sem, nem ao menos, saber por que fazia aquilo tudo. Se todos o faziam, por que não ceder? Afinal, ninguém conseguiria resistir àquele fogo, à energia e ao fervor dos fiéis. Todos eram contaminados pela música, que parecia penetrar no cérebro de cada um e hipnotizar a todos. Depois de alguns minutos, Niquita se contagiou a tal ponto com a música que precisou ser tocada por um dos trabalhadores, pois, mesmo após a música parar, ela e mais duas mulheres continuaram cantando alto e se sacudindo de olhos fechados, como se estivessem numa festa espiritual. Não perceberam que a música já cessara.

— Nossa! Fui tocada pelo Espírito Santo... — falou sem graça, percebendo que se excedera. — Ah! Como eu precisava relaxar... — justificou-se, em silêncio, olhando de um lado a outro, envergonhada, enquanto os fiéis lhe dirigiam olhares de reprovação. Aquietou-se, por ora.

O pastor começou a pregação, enquanto os diáconos se colocavam à frente do púlpito e observavam os fiéis. Pareciam um exército a serviço da igreja. Niquita tentou sair um pouco, mas foi dissuadida pelos diáconos, que a induziram a ficar até o final do culto. A pregação da noite foi carismática e contagiante, o que era favorecido pelo quadro de instabilidade e efervescência emocional de muitos dos presentes. O pastor logrou envolver a todos em sua preleção, acompanhada de um espetáculo de gritos, cantorias e choros, cuja culminância foi o descanso no espírito.

No auge da excitação geral — momento que preparara, meticulosamente, ao longo do culto —, o pastor elevou sua mão e, de repente, golpeou o pé direito com força no chão. Imediatamente, a multidão de fiéis respondeu à técnica magnética. A situação pareceu descontrolada. A música voltou a ser ouvida, enquanto o pastor e alguns de seus fiéis missionários expulsavam demônios no palco e alguns outros percorriam o salão reproduzindo a prática, só que sem o microfone. Elevavam fervorosamente os braços, com as palmas das mãos para o alto, e gritavam, davam palavras de ordem vigorosas, tencionando que o suposto inimigo invisível abandonasse o corpo dos ouvintes entregues ao estado de semitranse. Até mesmo aqueles que ali compareceram sem nenhuma reclamação de ordem espiritual eram arrebatados naquela espécie de pentecostes desordenado.

Tudo remetia ao demônio naquela pregação. Niquita sentiu medo. Enfermidades, as mais comuns, como dores de cabeça e nas pernas, tonturas, náuseas, diabetes, problemas de coluna, membros quebrados em um acidente qualquer, tudo, tudo era associado à ação do demônio. Quando o pastor, juntamente com os missionários, já de volta ao palco, outra vez mais, ergueram os braços, espalmando a mão direita para cima, um grupo de mulheres foi ao chão, induzidas, mental e emocionalmente, pela pregação hipnótica e profundamente magnética. Aqueles que não se prostraram, como foi o caso de Niquita, quase foram arremessados ao chão pela força com que os ajudantes do templo seguravam as pessoas, sacudiam-nas e as empurravam. Ela recusava-se a cair como os demais. Todavia, em meio a gritaria, aos cânticos de louvor e exorcismos, julgou correr um risco grande, caso não cedesse à pressão de um dos ajudantes do templo, que a induziu, delicadamente, a jogar-se por terra, como os demais. Então, resolveu improvisar: estirou-se e fingiu dormir ou estar desmaiada, enquanto os homens robustos, gradativamente, reerguiam muitos dos caídos. Ajudavam grande quantidade de pessoas a se levantar; pretensamente, as que estavam possuídas pelo demônio.

Ainda deitada, Niquita olhava tudo apenas pelo canto de um olho, que permanecia aberto. Manteve-se fiel ao disfarce até que, inadvertidamente, foi quase içada, arremessada para cima por um braço que a ergueu, enquanto outro batia-lhe sobre a cabeça com um livro, talvez uma Bíblia, expulsando-lhe o demônio do corpo. Assim que se viu de pé, em meio àquilo tudo, abriu os olhos e viu o rapaz que a recebera mais cedo, antes da igreja abrir. Ele gritava, à medida que batia com o livro na cabeça dela:

— Sai, demônio! Sai, em nome de Jesus! Eu te ordeno, eu te expulso, eu te amarro, em nome do Senhor Jesus! — e Niquita, balançando de um lado para outro, tinha o braço apertado e quase arrancado pelo rapaz que julgava que ela estivesse dominada por Satanás.

Niquita não sabia mais o que fazer; estava traumatizada. Garganta seca, olhos esbugalhados e um medo terrível de ser possuída, de alguma maneira, por um ente infernal, ali evocado pela boca de toda a multidão. Ela começou a chorar. Não aguentou a pressão, o barulho, o alarido, o fato de ser induzida a cair e, depois, a levantar-se bruscamente, sendo jogada de um lado a outro sem nenhum controle. Foi demais para ela, que, não resistindo àquilo tudo, saiu em disparada pelo corredor, entre cadeiras e gente, gritando feito louca e arrastando a bela bolsa Louis Vuitton — original da Rua 25 de Março —, a

qual se arrebentou diante da algazarra e de tantos que se aco-
tovelavam nos corredores do templo.

De longe, o pastor avistou aquela figura perdida em meio
à gente, correndo, embrenhando-se por entre a multidão, mas,
de algum modo, escapando dali, com os cabelos desgrenhados
pelas pauladas de livro sobre a cabeça e as sacudidas de um
lado para outro. Assim que conseguiu se safar e chegar à porta
da rua — o que não foi fácil, pois teve de dar uma de louca e
distrair os três homenzarrões de plantão na saída da igreja —,
quase caiu esbaforida na calçada. Rumou à padaria e, lá chegando, pediu um copo d'água, pelo amor de Deus.

Quase sem fôlego, olhou para a moça do balcão que, ao
ver seu estado, disse:

— Conseguiu escapar, dona? Dê graças a Deus por isso
— a moça parecia magoada com alguma coisa, pois fez uma
cara de insatisfeita.

Respirando fundo, deu um tempo, antes de responder à
moça, assim que se recompôs, minimamente:

— Deus me livre, menina! Que é aquilo? É demônio
puro!... — Após tomar água, já quase refeita, conseguiu orga-

nizar seus pensamentos e ver as horas. Enquanto ia ao banheiro arrumar seus cabelos, confabulou consigo mesma:

— Minha Nossa Senhora Aparecida! Já são quase 9h30 da noite e ainda tenho de pegar três conduções!

Saiu em direção à rua para pegar o metrô, àquela hora da noite. Não encontrou nenhum orelhão ali por perto, em condições de uso. Queria avisar os filhos sobre seu paradeiro, mas não conseguiu. Possuía as fichas do telefone, pois era uma mulher prevenida, mas sem um telefone público por perto que não houvesse sido depredado, como telefonar? Conseguiu, enfim, chegar ao metrô e, mais tranquila, considerou:

— Diante de tudo o que vi hoje à noite, acho que meu Erasmino, jamais, vai ser confundido com um louco. Ele está é bem demais. Deus me livre de tanta gente cheia de demônios. Nunca vi uma igreja assim, que fala mais no Satanás do que em Deus. E meu milagre, mesmo, nada! Que pastor, que nada!

— MÃE, VOCÊ ESTÁ me escondendo alguma coisa — afirmou Erasmino, após ouvir as desculpas da mãe sobre o fato de haver chegado tão tarde em casa.

— Claro que não, Erasmino. Imagina! E eu sou lá mulher de esconder coisas dos filhos?

— Mas, então, por que você chegou tão tarde ontem? Acha que vou acreditar em suas desculpas?

— Olhe lá como fala com sua mãe, rapaz! Você sabe que eu tenho problemas de coração. Quer me matar, é? Quer que sua mãe caia durinha no chão para você ficar com a consciência pesada para o resto da vida?

— Ah! D. Niquita, D. Niquita... Você está escondendo alguma coisa da gente.

— E, por falar na gente, Erasmino, onde está esta sua irmã, que quase nunca vejo?

— Sei lá, mãe! Você sabe muito bem que ela chega muito tarde todo dia, devido ao trabalho dela. E eu saio bem cedo, quase sempre.

— Acredita que vejo tão pouco sua irmã que quase já me esqueci da fisionomia dela? — Niquita aproveitou que Erasmino se distraíra com a pergunta sobre a irmã, que, afinal, não via mesmo, já há certo tempo. Niquita sabia muito bem que a filha trabalhava em dois empregos e não gostava muito de se envolver com a própria família. Era arisca, como dizia a todos. A moça trabalhava quanto podia a fim de ajuntar dinheiro e se casar. O raro tempo livre gastava na casa do noivo. Dessa forma, dificilmente Erasmino, ou a própria mãe, se encontravam com ela. Não era do seu temperamento se envolver com as coisas do irmão e, muito menos, com eventuais desafios da família. Queria se casar, de qualquer jeito, e sair de casa.

— Essa minha irmã parece perdidona, mãe. Tem mais de um mês que não a vejo! Sabe que outro dia, quando ela esteve por aqui, eu... — Erasmino interrompeu o comentário, pois não queria revelar à mãe que as visões não haviam cessado.

No dia seguinte, após dar explicações a Erasmino, procurando disfarçar por onde andara, Niquita ignorou os bilhetes da amiga Ione, deixados sob a porta. Decidiu sair e procurar um padre de uma paróquia conhecida, bem próxima de sua casa. Ali, esperava encontrar um conselho amigo, alguém para desabafar. Queria esgotar todos os recursos de que dispunha, antes de apelar à Ione mais uma vez. Se fosse o caso, se disporia a ir onde quer que ela a levasse, mas, antes, apelaria a todas as instâncias que conhecia.

Enquanto caminhava em direção à paróquia, Niquita relembrava os acontecimentos na igreja pentecostal. Arrepiava-se toda só em pensar no que poderia ter lhe acontecido, caso tivesse lá permanecido por mais tempo. Benzeu-se, fazendo o sinal da cruz.

Não precisou esperar muito tempo. Logo o padre chegou, chamando-a para conversar. O ambiente da igreja católica lhe era mais tranquilo e familiar. Sentada num dos bancos, disse ao sacerdote:

— Pois é, seu padre, estou precisando muito de ajuda espiritual para o meu filho, Erasmino. Desde o ano passado, que algo aconteceu com meu filho e ele está a cada dia mais inquieto com as coisas que tem vivido. Parece coisa de espírito, de alma do outro mundo.

— E como sabe que é espírito mesmo, D. Niquita? Existem muitos fenômenos que acometem os seres humanos, neste mundo, mas que podem ser de caráter psicológico, por exemplo. Eu estudei bastante psicologia para poder desempenhar o meu trabalho, satisfatoriamente. Portanto, falo com autoridade. Já procuraram um psicólogo?

— O meu Erasmino não é louco não, padre. Fomos a um psicólogo, logo no início do problema dele. Mas o tal doutor teve de se mudar de São Paulo e deixou o caso de meu filho no meio, sem terminar o tratamento. Depois foi a vez do psiquiatra; passou diversos remédios e nada adiantou.

— Me conte, D. Niquita, o que mais incomoda a senhora na questão que aflige seu filho?

— São os vultos que ele vê, padre. Parece que o coitadinho nem tem dormido direito à noite, pois quase sempre vê imagens conversando com ele. Agora, depois desse tempo todo, as aparições estão começando a acontecer também no trabalho dele. Imagina, seu padre! E se ele for mandado embora, devido a essas visões?

— Ele fica fora de si, ou seja, entra em transe, modifica o humor, a voz ou a postura física quando ocorrem tais fenômenos?

— Não, seu padre. Ele consegue, inclusive, fingir que nada está acontecendo. Ele acabou tendo de aprender a ignorar essas visões o quanto pode, pois assim não chama a atenção das pessoas ao seu redor. Ele me disse que, atualmente, está com a sensação muito intensa de ter alguém deitado em sua cama. Quando ele muda o lugar de dormir, parece que ele vai arrastando essa pessoa invisível junto com ele até onde tenta dormir, como no sofá da sala, onde ele volta e meia passa a noite toda. Já fiz todas as orações que conheço, padre; até fui a uma igreja evangélica, sabe?

— Segundo o que me fala, minha senhora, o caso de seu filho merece ser estudado com calma, antes de chegarmos a um diagnóstico.

— Mas eu não quero um diagnóstico, padre. Eu queria saber se a igreja trata desses assuntos, de coisas como essas?

— Que coisas, D. Niquita?

— Coisas de espírito, de demônio, sei lá.

— Minha senhora, por favor, não pense que seu filho esteja endemoniado. Não fale assim a respeito dele.

— Eu sei, padre, eu sei, mas confesso que são tantas coisas que têm ocorrido com Erasmino que fico quase louca tentando ajudar o meu menino. Por isso, vim pedir sua ajuda.

O padre levantou-se cabisbaixo, pensativo sobre o que poderia dizer àquela mulher tão abalada com o sofrimento do filho.

— Faça assim, D. Niquita: traga seu filho para conversar comigo esta semana.

— Ele não viria, seu padre! Jamais! Erasmino rejeita qualquer coisa relacionada com religião.

— A senhora afirma, então, que os medicamentos receitados a ele não têm surtido efeito? E que, também, já se consultou com um psicólogo e nada adiantou?

— Isso mesmo, padre, tudo isso e muito mais coisas tentamos juntos, mas nada.

O padre pensou mais ainda, querendo dar seu parecer à mulher.

— A senhora é católica praticante, D. Niquita?

— Bem, Seu Padre, católica, católica não sou. O senhor sabe, né? Tantas coisas para a gente cuidar que nem dá tempo de frequentar a igreja.

— Não tem problema, D. Niquita; não pergunto para cobrar isso da senhora. É, apenas, uma forma de avaliar qual é o seu estado espiritual verdadeiro e saber o que dizer. Pois bem — acentuou o padre, medindo cuidadosamente cada palavra que diria, atento ao modo como seriam recebidas pela mãe de Erasmino. — Minha opinião franca, minha senhora, é que a igreja é impotente para resolver situações como essa. Se a senhora estiver me relatando toda a verdade sobre seu filho, então o lugar que deve procurar não é a Igreja.

— Quem procuro, então, padre? Será que ninguém neste mundo poderá ajudar o meu filho? A Igreja não tem como amparar meu Erasmino? — Niquita chorou, após a fala do padre, à beira do desespero, pois não tinha muito mais aonde ir em busca de socorro. — Então, não poderá fazer um exorcismo, padre? A Igreja não faz esse tipo de coisa?

O padre ficou inquieto, pois notou a fragilidade da mulher à sua frente.

— D. Niquita, pelo amor de Deus, minha senhora! — redarguiu o padre. — Exorcismo é coisa séria e não se aplica ao caso de seu filho, Erasmino. Não o submeta a isso, não.

— E o que eu faço, então, padre? Me fale qualquer coisa que eu farei, para ajudar meu filho. Não quero ver ele perder o emprego, muito menos ficar louco.

Condoído da situação, o sacerdote resolveu falar abertamente, emitindo sua opinião sincera, seu ponto de vista sobre o assunto, não sem mostrar certa hesitação:

— Honestamente, D. Niquita, nunca me deparei com um caso tão complexo assim, como o do seu filho. De uma coisa eu tenho certeza, porém: ele não é louco. Se eu fosse a senhora...

— Fale, padre, pelo amor de Deus! — implorava a mulher, visivelmente transtornada, pois esta era sua última esperança, antes de apelar a algo mais drástico.

— Pois é, minha senhora... Eu, no seu lugar, procuraria o espiritismo.

— Espiritismo? O senhor, sendo padre, me manda procurar o espiritismo? — e levantou-se, encarando o padre, que baixou a cabeça um tanto envergonhado por haver indicado a solução mais inesperada possível, saída da boca de um sacerdote católico.

— É isso mesmo, D. Niquita! — o padre criou coragem e enfrentou a mulher que o fitava, atônita com sua indicação. — Espiritismo, umbanda ou qualquer coisa equivalente, que faça uma abordagem direta ao problema do seu filho, sem rodeios. Eu mesmo já procurei, há anos, uma ajuda, depois que tudo o mais falhou, quando enfrentei um caso semelhante em minha família. Posso lhe assegurar: eu não sou a pessoa ideal para enfrentar casos de espírito, como acho que seja o do seu filho. Como a senhora disse, logo no início da nossa conversa. Eu mesmo rejeitei a ideia, mas, à medida que a senhora explicava, cheguei à conclusão de que somos impotentes para lidar com situações desse tipo.

Niquita estava estarrecida. Fugira da amiga Ione, que lia e falava sobre espíritos; tentara convencer seu filho a procurar lugares do gênero, mas em vão. Quando resolvera recorrer a algo mais convencional, como um pastor ou um padre, eis o que encontrava: um beco sem saída. E agora? O que diria a Erasmino? Como contaria para Ione a recomendação do padre? O próprio padre indicando aquelas coisas!

— Não tenha medo, D. Niquita. A começar pelo fato de eu lhe indicar uma solução como essa; não se assuste. Eu próprio já li muitos livros espíritas. Sei que existem coisas muito sérias por aí, não só na nossa religião. Temos de convir, minha senhora, que nem sempre podemos tudo, que, para muita coisa, somos impotentes.

— Quer dizer, então, que o espiritismo não é pecado? Que posso mesmo procurar ajuda em lugares onde ele é praticado?

O padre compreendeu o dilema da mulher e sua simplicidade na forma de encarar as questões espirituais.

— Veja bem, D. Niquita. Seu filho está numa situação muito complexa, segundo me relatou. Nem psicólogos nem psiquiatras conseguiram debelar o problema dele, não é verdade? Então, por que protelar a procura da ajuda mais óbvia?

— Mas eu sou católica apostólica romana...

— Bem, só se a senhora se converteu agora, neste minuto. Ainda há pouco, me disse que esteve num templo evangélico, antes de vir aqui, e também confessou que não é nada assídua à Igreja...

— Desculpe, Seu Padre; é verdade. Me desculpe...

— Pois bem, minha cara D. Niquita — enfatizou o padre, segurando em suas mãos, respeitosamente. — Sou um homem que encara a realidade. Nossa paróquia, e até nossa Santa Igreja, só lida com coisas simples, em matéria de fé. Não somos preparados para abordar questões complexas, principalmente as que envolvem os mortos ou os espíritos. Então, se já foi a uma igreja dessas que fazem descarrego, por que não buscar um local especializado no assunto, em vez de ir atrás de quem encara todas essas coisas como obra do demônio?

Niquita enxugou os resquícios das lágrimas, tendo de concordar com o padre na sensatez daquilo que ele lhe falou.

— O que me diz, D. Niquita? Ainda crê que na Igreja a senhora encontrará a solução para o que acomete seu filho? Pense bem nisso e não me responda nada. Vá, vá com Deus e fique tranquila com sua consciência. Procurar ajuda, em nome do bem, não é pecado coisa nenhuma. Livre-se dessa ideia e vá ajudar seu filho, sem demora.

— Mas ele não quer essas coisas, Seu Padre. Até já sugeri a ele, mas Erasmino é muito cabeça-dura e rejeita tudo que é ajuda espiritual. Ele quase se dobrou quando conversou com o filho da vizinha; a conversa mexeu com ele. Mas nem assim…

— Então, force a barra um pouco. Isso não faz mal a ninguém. Afinal, seu filho já é adulto ou não?

— Claro que sim, padre! É um homem e tanto. Mas como forçar a barra com ele? O senhor sugere algo?

— Ah! Minha senhora… Em casos assim, as mães são

muito mais experientes do que qualquer ser na Terra. A senhora dará um jeito, eu lhe garanto. Tenho convicção de que encontrará um caminho, um método de convencer seu filho orgulhoso. Deixe de agir como se estivesse pisando em ovos em relação a seu Erasmino, minha senhora!

Niquita ainda não acreditava no que ouvia. Apesar de atordoada com o conselho que vinha, diretamente da boca de um sacerdote católico, começou a pensar, seriamente, ali mesmo, em aceitar a ajuda de sua amiga Ione. Se o padre a mandara, expressamente, procurar o espiritismo, então a culpa seria do padre, e não dela, caso Deus quisesse puni-la.

— D. Niquita... — acrescentou o padre, já se despedindo da entrevista com a mulher que viera à paróquia. — Quando a dor nos encontra e a enfermidade nos consome as horas tranquilas, não escolhemos ajuda. Desde que cure, não se pode recusar o remédio, seja um copo d'água, uma injeção de penicilina ou algo ainda mais forte. Às vezes, minha senhora, Deus nos aponta caminhos diferentes, mas eficazes, que podem ser nossa salvação e de nossa família. Quem sabe, esse não seja o caminho que se abre, quando todas as portas se fecharam? —

e ensaiou sair, deixando Niquita ali, em pé, observando ora ele, ora o crucifixo acima do altar.

Voltando-se, ligeiramente, para a mulher, ao notar que estavam sozinhos dentro da igreja, o padre resolveu se ater por um instante e interferir ainda mais:

— Já leu algum livro espírita, D. Niquita?

— Não, Seu Padre — fez novamente um sinal da cruz no tronco. — Deus me livre!

— Deus me livre por que, D. Niquita?

Ela não se deu conta do que falara. A resposta fora automática. Então, tentou improvisar:

— Ler cansa, Seu Padre. Tem muitos anos que eu não leio um livro — mentiu. — Prefiro ver televisão, novelas... Assim poupo minhas vistas, sabe? Tenho problema na vista.

— Se eu fosse a senhora, leria o Evangelho espírita. Aprenderia muita coisa lá — e saiu, deixando a mulher ainda mais estupefata diante dos conselhos que dera.

Na verdade, Niquita jamais esperava encontrar um religioso, um padre que lhe indicasse frequentar um centro espírita; até de umbanda! Quanto mais ler um livro desses.

Um Evangelho espírita. Até parecia Ione, com seu monte de livros e histórias.

Niquita saiu da igreja, enquanto o padre parava próximo ao altar, olhando a mulher de soslaio, rindo um pouco da situação. Assim que o padre entrou na sacristia, outro padre, mais velho do que o primeiro, saiu de lá. Não vendo seu colega passar, procurou pela nave da igreja:

— Engraçado! Uma mulher me ligou na casa paroquial pedindo para conversar comigo, mas não há ninguém aqui. Será que desistiu ou não chegou, ainda? — e caminhou até a porta principal da igreja para ver se encontrava alguém. Ele não viu o sorriso do padre anterior, que atravessou a parede da igreja, dirigindo-se a outra paróquia, localizada numa dimensão diferenciada da vida. O pároco não podia ver muito além dos móveis e do altar da sua igreja. E mesmo que visse, jamais acreditaria.

Depois de algum tempo, Niquita visitou Ione novamente. Teria de convencer a amiga a falar, mais abertamente, sobre coisas espirituais. Ione, até então, contara muitas histórias, falara de sua suposta mediunidade, de seu filho Igor como sendo alguém muito especial, mas não declarara, abertamente, que frequentava quaisquer templos. Niquita estava desconfiada de que Ione não era nem um pouco médium, como ela queria deixar transparecer nas conversas. A amiga gostava mesmo era de se exibir e se passar por aquilo que não era. Será que Ione usava a situação de Erasmino para, de alguma maneira, projetar-se? Dizer-se médium ou detentora de algum poder sobrenatural? Niquita teria de extrair essa informação da amiga.

— Ione, minha amiga, você tem de me ajudar. Acredita que o padre me falou para eu ler um livro dessas coisas que falam de espíritos? Um padre! Imagina!!

— E o que você foi fazer procurando um padre, vizinha?

— Ora, Ione, você sabe como são as mães. Você também é mãe. A gente faz cada coisa pra ajudar nossos filhos...

— Sei bem disso, Niquita. Nem imagina o que já fiz para auxiliar meu Igor com as coisas de que ele sofria, antigamente. Ainda bem que, hoje em dia, meu filho está bem equilibrado.

— Ione, você precisa me ajudar. Me fale, mulher: você frequenta ou não frequenta?

— Frequenta o quê, mulher?

— Você frequenta esses lugares de espíritos? Você me falou tanta coisa que fiquei com a pulga atrás da orelha. E há tantos livros aí na sua casa... Nem sei como consegue ler todos eles. Me dói a cabeça e os olhos, mas, como o padre falou, acho que vou folhear algum livro destes. Preciso descobrir o que está acontecendo com Erasmino. Me ajuda, amiga?

Ione ensaiou uns tremeliques em frente de Niquita. Remexia-se toda, como se estivesse "recebendo" um espírito. Revirou os olhos, de tal maneira, que só se via o branco da córnea. Niquita se benzeu, fazendo o gesto habitual das três cruzes menores e uma maior ao longo do tronco.

— Ai, amiga! — falou Ione para Niquita. — Acho que meus guias não vão querer que eu mexa nesse caso do seu filho, sabe? Acho que terei de indicar outra pessoa — e estremecia toda, teatralizando perante a amiga, como se estivesse prestes a incorporar algum espírito esquisito.

Niquita, depois da incursão à igreja neopentecostal, já não estranhava mais nada. Não teve medo da representação de Ione e pouca importância deu aos tremores da amiga, que ficou sem graça, pois Niquita nem se impressionou com seu suposto guia. Logo, ela abandonou a pantomima que ensaiara à frente da vizinha e levantou-se para pegar um livro na estante.

— Leia isso, minha querida — e quase jogou o livro sobre o colo da vizinha, pois esta não lhe dera a atenção que desejava. — Acho que vai gostar do conteúdo deste aí. Mas me devolve, tá? Estes livros são caríssimos... Assim que você ler este e me devolver, eu empresto outro.

Niquita nem deu atenção à crise de contrariedade da amiga. Pegou logo o livro e, folheando-o, levantou-se, ignorando completamente a amiga Ione, que viu seu pequeno teatro perder crédito perante a vizinha. Niquita saiu sem prestar atenção em mais nada, cativada, quem sabe, pelo novo mundo que começava a descortinar. Afinal, fora o padre quem lhe recomendara a leitura. Ione ficou para trás, imaginando coisas:

— Tomara que não estrague meu livro. Deus me livre! Nem deu atenção ao meu guia de luz, que fez de tudo para ajudar o filho dela. Tadinho do meu guia...

Para completo espanto da própria Niquita, ela devorou o livro, naquela tarde mesmo. Foi somente depois de terminá-lo, dali a poucos dias, que constatou que leitura não provocava dor de cabeça em ninguém e também não fazia doer os olhos, contrariamente ao que apregoava.

— Meu Deus! Agora começo a entender o que ocorre com meu Erasmino. Ele está obsidiado, mesmo! Se eu já desconfiava, agora tenho absoluta certeza. É caso de obsessão!

Niquita delirou com o conteúdo do livro, que a esclarecia sobre a situação do seu filho. Mas restavam, ainda, diversas dúvidas que reclamavam resposta. Teria de confirmar a conclusão a que chegara naquela leitura. Foi o suficiente para que novamente procurasse Ione. Só que a amiga havia viajado, por uns dias, para o Rio de Janeiro, onde morava o filho dela.

— Que mulher sem alma, essa Ione! Me deixar aqui, cheia de problemas, de dúvidas, sem um norte para prosseguir. Eu sei que ela frequenta. Ah! Se não frequenta... Ela vai ver comigo. Vou dar um jeito de a convencer a me levar no lugar onde ela vai. Vou descobrir tudinho. Nem que eu tenha de vigiar Ione quando ela sair de casa. Não largo mais o pé dela, até que ela me confesse ou me leve até lá. Tenho certeza de que meu Erasmino tem jeito. Vou reler este livro, até Ione chegar de viagem e me emprestar outro.

9
O PODER DA FÉ

OIS É, SEU TARCÍSIO! O caso do meu filho é mesmo obsessão, conforme eu pude entender num livro que li, emprestado por Ione — conversava Niquita com um homem que lhe fora apresentado pela vizinha, numa ocasião qualquer. Tarcísio era um médium com a cabeça mais aberta, a pensar em várias possibilidades de se praticar espiritualidade e com uma outra mentalidade, mais abrangente que a da maioria dos médiuns.

— Então, D. Niquita... Eu já tinha visto algo em relação a seu filho, porém, como não tenho muita prática em matéria de obsessão, resolvi me calar para evitar que se preocupasse, desnecessariamente.

— Ah! Seu Tarcísio! Então me fala, homem! Eu cheguei a essa conclusão apenas lendo o tal livro, pois a Ione nunca se revela por inteiro. Tentei, de todo jeito, ver se ela frequenta um centro, mas ela sempre se esquiva e não consigo chegar a conclusão nenhuma.

— Na ocasião em que percebi algo sobre seu filho, D. Niquita, eu vi um homem, um espírito comum ao lado dele. Parecia alguém que estivesse meio perdido, algo que nossos amigos umbandistas chamam de *encosto*. Mas havia algo mais, além desse espírito. Eu diria que tal espírito nem é alguém mau, mas apenas um ser perdido, que encontrou Erasmino, de modo fortuito, e acabou se ligando, vibratoriamente, a ele. Quanto aos outros seres que percebi, estes, realmente, exigem maior cuidado na abordagem. A senhora tem de avaliar direito; em minha opinião, a senhora tem de levar seu filho a um centro, seja espírita ou umbandista, para ver este caso com mais precisão. Pelo que vi, eu lhe asseguro que a situação que envolve esses espíritos e seu filho não é um caso comum.

— Por que os espíritos perseguem meu filho, Seu Tarcísio? O que Erasmino fez a eles para que fiquem assim tão ligados e perturbando o pobrezinho? Erasmino é um rapaz tão bom...

— O que ele fez eu não sei, D. Niquita. Porém, uma coisa é certa: espíritos desse quilate não perseguem ninguém à toa. Isso eu posso lhe assegurar. Quando inteligências dessa categoria passam a assediar uma pessoa, certamente, é porque ela constitui, em algum nível, uma ameaça à organização deles, seja na atualidade, seja futuramente.

— Mas que ameaça meu Erasmino pode constituir? Ele é um homem muito tranquilo, honesto e pacífico...

— Pode ser que ele seja médium, D. Niquita. Quem sabe, exista algo programado para ele? Quem sabe, ainda, a vida e as experiências dele possam ajudar muita gente no futuro... Em casos assim, espíritos mais inteligentes vão querer atrapalhar os planos para a vida dele. Não sei bem do que pode se tratar, mas tudo indica que ele deve ter algo importante para realizar, futuramente. Por isso, minha senhora — enfatizou Tarcísio —, procure ajuda espiritual, com urgência.

— Sabe que eu tenho até medo, Seu Tarcísio? Fui a uma igreja neopentecostal, dessas que fazem descarrego, e o que vi lá aumentou muito meu temor de procurar qualquer outro tipo de ajuda espiritual. Fiquei muito chocada com o que aconteceu. Acho que vou fazer uma novena para o meu filho, assim, Nossa Senhora abençoa ele e, quem sabe, resolve a situação?

— Bem, não posso lhe induzir na decisão, D. Niquita. Mas posso afiançar que orações adiantam muito, costumam suavizar as coisas, mas resolver, mesmo, em casos complexos como o do seu filho, não resolvem, não. É preciso mais; é necessária ajuda especializada. Talvez a Ione possa lhe recomendar alguém; ela sabe a quem procurar.

— E o senhor não pode me ajudar neste assunto, Seu Tarcísio?

— Bem que eu gostaria, D. Niquita, bem que eu gostaria. Mas, atualmente, não tenho frequentado nenhuma casa; nem centro kardecista, nem tenda de umbanda. Cheguei à conclusão de que, para o bem da minha vida espiritual, não devo me envolver com centro espírita nenhum. Para manter a minha fé, é preferível que eu fique longe, bem distante do tumulto de centros espíritas e dos próprios espíritas. Porém, confesso que, no seu caso, as coisas são diferentes. A Ione poderá ajudá-la muito bem.

Niquita não entendeu muito bem o alcance das palavras de Tarcísio, mas respeitou.

— É, estou pensando se não faço a novena primeiro. Antes de tentar qualquer coisa nova, outra vez, preciso perder esse medo, resolver esse trauma da sessão de descarrego. Fico imaginando, Seu Tarcísio, se numa igreja evangélica as coisas foram assim tão fortes, como seria, então, num centro, onde abertamente se admite a interferência dos espíritos? Por isso, acho que vou aguardar mais um tempo. Talvez a novena, lá na igreja onde o padre me atendeu, possa me ajudar com o caso do Erasmino. Se não resolver, com certeza vou procurar a Ione. Não tenha dúvida disso. Posso fazer, também, um círculo de oração na minha casa. Acho que nenhum espírito do mal vai resistir a orações diárias, dentro da minha casa. Vou tentar isso primeiro. Além disso, Seu Tarcísio, tenho de levar em conta a situação do Erasmino. Ele detesta essas coisas. Preciso ajeitar as coisas com ele, fazer com que compreenda o que está em jogo e, aí, talvez, o convença a procurar algo mais especializado, conforme o senhor falou.

— Pense bem, D. Niquita. A senhora tem como auxiliar o seu filho, é evidente. Mas ele, também, tem de querer ajuda. Sem ele querer, nada poderá ser feito por ele. Não adianta a senhora procurar um centro ou um terreiro, se seu filho não quiser ser ajudado.

A conversa sobre o assunto demorou mais meia hora antes de Tarcísio despedir-se de Niquita. Ela, realmente, estava determinada a experimentar, primeiro, a novena e a organizar o círculo de orações, antes de qualquer recurso espiritual desconhecido.

Enquanto isso...

— Eu mereço um período de descanso! — pensou Erasmino consigo mesmo. — Depois de tantos problemas, de tantas lutas e quase ficar louco, acho que preciso relaxar. Ah! Se Evandro estivesse aqui. Ele certamente iria comigo procurar algo especial para curtirmos. Mas acho que vou marcar com os rapazes. Renan e Natan, na certa, me acompanharão, também, pois eles são da pesada. Uma noite só, talvez, sirva para eu me descontrair em meio a tudo isso que tem me acontecido. Uma balada, talvez, resolva... Estou ficando careta; preciso realmente distrair minha mente de todas essas coisas malucas.

Depois de convidar os amigos Renan e Natan, resolveram, como de costume, passar num bar, antes da noitada, para tomar umas cervejas.

— E nosso amigo Evandro? Tem notícias dele, Eron?

— Evandro deu uma sumida e nunca mais consegui o telefone dele. Parece que se escafedeu.

— Ele era um bom companheiro de baladas, apesar de

muito careta, já que nunca experimentou nada, nenhuma das drogas que usamos juntos — comentou Natan.

— Careta? Evandro? Que nada! — dada a ausência prolongada do amigo, Erasmino se sentiu desobrigado de sustentar a mentira. — Vocês nunca o conheceram, profundamente. Ele apenas tem uma mania: não gosta de usar drogas fora da casa dele. Em baladas, ele costuma dizer, quer estar completamente lúcido. Mas em casa...

— Ah! Então é isso! Eu sempre pensava como ele se jogava, tanto assim, no meio das nossas confusões, sem usar nenhum brilho ou bagulho nenhum. E olhe que ele era o que mais se divertia.

— Era porque ele usava antes de sair de casa. Dava um tempo após usar e só depois saía, já alterado. Fora disso, jamais consegui convencê-lo a usar qualquer outra coisa. Se passava por careta, mas, no fundo, no fundo, ele curte bastante o bagulho, cara — comentou Erasmino.

— Para mim, ele sempre falou que não usava nada, que estava limpo — disse Renan.

— Para mim, também! — afirmou Natan.

— Acho que Evandro tinha medo de assumir que é usuário. Ele sempre diz que controla tudo. Mas, para mim — falou Erasmino —, ele nunca negou nada. Sempre curtimos a parada juntos.

Depois da conversa e de algumas cervejas, resolveram partir para determinado local, onde antes costumavam ir. Seria uma noite e tanto, segundo programaram.

Ao longo do percurso, Erasmino parecia sentir algo estranho. Apenas estranho, nada mais. Ele não conseguia definir a sensação que tomava conta dele, durante o tempo em que se dirigia ao lugar onde tantas vezes estivera com os amigos.

Ao chegarem à frente da casa onde curtiriam a balada que os três costumavam frequentar — na verdade, uma noite de orgias —, Eron teve um tipo de convulsão.

— Que está acontecendo com ele? Logo agora, que chegamos na balada...

Erasmino arregalou os olhos, desmesuradamente, e tremeu todo. Algo que seus colegas nunca haviam testemunhado. Depois de breves instantes assim, no que parecia, aos olhos de Renan e Natan, ser um ataque epiléptico, Eron empertigou-se todo defronte à entrada do local onde deveriam passar a noite se divertindo. Enquanto isso, as moças que trabalhavam no local e alguns frequentadores que ali chegavam, atraídos pelo que ocorria com Eron, saíram porta afora e ajudaram a levá-lo para dentro, na antessala, onde se aglutinaram para tentar ajudar o rapaz, que julgavam estar indisposto, por qualquer razão.

Eron ergueu-se ali mesmo, numa postura que nunca tivera, olhos bem abertos, sem piscar. Neste momento, uma voz diferente, forte, grave e com um tom jamais saído de sua boca, declarou aos dois amigos e às outras pessoas, de forma bem audível:

— Erasmino não está mais aqui! Agora sou eu que o domino! — os olhos de todos ficaram arregalados diante do tom da voz que saía da boca do rapaz. Uma das mulheres presentes comentou, arrepiada:

— Ele está incorporado! Isso é exu. Eu já vi isso com outra pessoa.

— Logo aqui? Para atrapalhar nossa noite? Imagina se aqui é lugar para coisas assim acontecerem? Que mau gosto! — comentou um homem forte e corpulento.

Voltando-se para Natan e Renan, a entidade incorporada em Erasmino, ou, simplesmente, Eron, disse-lhes:

— Você dois, por que ficam aí me olhando? Será que não basta serem desonestos? Agora querem julgar o que acontece com este médium?

— Desonestos? — perguntou, com raiva, Renan, sem saber ao certo o que acontecia, embora estivesse claro que algo fugia à normalidade com o colega. — Como ousa falar assim com a gente? Você está doido, Eron?

— Ah! Deixe essa pose de bom moço pra lá! Vocês dois, juntos, tem um tipo de conluio. Modificam os números na contabilidade, de maneira que conseguem surrupiar dinheiro alheio.

Os dois amigos se entreolharam com medo do que Erasmino falava, desnudando-os ali, publicamente. Ficaram atônitos, sem saber como reagir.

— E não fiquem espantados assim com o que lhes digo. Há mais de 5 anos, vocês ganham dinheiro fraudando os documentos e cobrando das pessoas pela fraude que fazem. Querem que eu dê os detalhes das ações de vocês? Ou os nomes das pessoas que vocês chantageiam? Quem sabe, os nomes dos clientes para quem fazem o serviço?

Renan desmaiou ali mesmo. Há muito tempo, tinha o rabo preso e seu maior temor era que alguém descobrisse o que vinham fazendo às escondidas. Logo ali, em meio a desconhecidos, e no lugar mais improvável do mundo, Erasmino — ou seja lá o que for que falava através dele — ameaçava-os, desvendando tudo o que achavam estar absolutamente seguro e secreto. Natan, por sua vez, fugiu, deixando o colega no chão, pois temia muitíssimo mais por si; temia a cadeia, pois o que faziam às escondidas era crime passível de prisão.

— Isso é coisa do demônio, juro que é! Impossível alguém saber do que fazíamos. Impossível! — pensou Natan ao sair dali, apavorado com o que ouvira da boca de Erasmino.

A entidade, incorporada em Eron, voltou-se, então, para os demais, que ouviam, atônitos, a revelação da prática criminosa. Ficaram todos com a pulga atrás da orelha. Renan permaneceu no chão, com alguém ao seu lado tentando acordá-lo, dando-lhe um copo d'água e sacudindo-o, enquanto aguardava os acontecimentos.

Em seguida, a entidade mirou uma das mulheres ali presentes, a que havia dito ser coisa de exu, e despejou, sem pudor:

— E você, mulher? Seu marido sabe que está aqui? Como consegue ser tão dissimulada, mentirosa e ardilosa, a ponto de convencer os filhos e o marido de que está estudando para se especializar em terapia? E os pobres coitados — idiotas! — ainda acreditam em você. Que vergonha! Seus amantes e clientes sabem que é casada?

A mulher deu um grito de susto, perante a revelação; partiu correndo da antessala para buscar sua bolsa, dentro da casa, e, logo depois, saiu chorando, envergonhada.

Novamente, a entidade, mostrando-se conhecedora dos ardis e atos indecorosos das pessoas ali presentes, prosseguiu, dirigindo-se a determinada mulher:

— E sua mãe? Sabe, porventura, que você se vende com a desculpa de ajudar em casa? Não toma vergonha nesta sua cara lavada? Trabalha numa firma de auditoria que só funciona à noite! Que família de imbecis acredita numa história dessas? E você? — virou-se para outra das mulheres presentes. — Já falou com sua mãe que assediou seu padrasto e o filho dele, também? Ou quer que eu conte para ela?

Novo grito de desespero e as duas mulheres nem entraram para pegar suas coisas; saíram à rua chorando por verem-se desnudadas perante todos. Os demais começaram a temer que o rapaz incorporado pudesse fazer o mesmo com cada um deles, à frente dos outros. Muitos partiram da antessala, foram pegar seus carros e se mandaram. Afinal, o demônio estava solto naquele lugar, conforme diriam mais tarde.

— Quem é você, rapaz, para fazer isso com meus clientes? Vou chamar a polícia já e você verá como ficarão as coisas para você! — ameaçou o dono do local, como se falasse com Erasmino. Todavia, conforme havia dito a entidade, Erasmino estava longe dali; somente o corpo servia de veículo para outro espírito, enquanto o dono do corpo mantinha-se desdobrado.

— Ah! Vai chamar a polícia, valentão? Seu traficante safado! A polícia sabe que você tem um depósito de cocaína e maconha no porão da sua casa? E que tem um estoque aqui mesmo, no último andar? Sabe, também, que você intermedeia tráfico de mulheres? Ou quer que eu mesmo fale para a polícia que você, além disso tudo, tem uma quadrilha que está alastrando seu negócio no Rio de Janeiro, em Curitiba e em

Recife? Quer que eu lhe fale os endereços? Vamos, chame a polícia! Chame, que eu quero ver se você honra as calças que veste, seu bolha!

O homem ficou pálido e engoliu em seco as acusações. O jeito ameaçador de falar foi substituído pela tentativa de fazer acordo com Erasmino, sem compreender que era uma entidade incorporada nele quem falava.

— Podemos conversar a respeito. Tenho muito dinheiro e estou disposto a dar uma boa quantia a você. Vamos entrar e terminar nossa conversa lá dentro.

— Não me interessa dinheiro nenhum. Mas, talvez, interesse a você saber que sua dileta mulher, aquela que você ama, está traindo você com um dos marginais que é seu sócio. E sabia que seu filho mais novo, na verdade, não é seu? Sabia? Quer que eu lhe dê as provas disso tudo que acabo de dizer?

— Como você sabe disso? — perguntou o dono do local, já transtornado de desespero diante do que era informado pela boca de Eron.

— Eu não sou quem você julga que sou. Sou um espírito e este homem que eu uso nem sabe o que estou falando por sua boca. Já viu algum espírito incorporado? Pois, eu sou um. E está aqui quem sabe muito bem das coisas. Não sou um espírito qualquer; sou um especialista, um chefão de minha máfia, do lado de cá, como você é chefe da sua, aí do seu lado.

O homem deixou o ambiente a passos apertados, tamanho medo do que ouvira. Nunca sua vida fora tão exposta, como naquele momento. Uma a uma, as outras pessoas saíram do local, deixando o lugar aberto, porém vazio. Restaram somente dois funcionários, um dos quais conhecia Erasmino e sabia que ele não era dado a essa coisa de espírito e que, também, jamais poderia conhecer tantos pormenores da intimidade das pessoas.

Tão logo o dono do lugar sumiu, apavorado, envergonhado e temendo ser denunciado para a polícia, a entidade deixou Erasmino e este, ato contínuo, foi ao chão. O funcionário que o conhecia aproximou-se, sorrateiro, bastante receoso:

— Seu Erasmino, Seu Erasmino! Acorda! — ele acreditava que Erasmino estivesse desmaiado.

Do outro lado da barreira dimensional, um espírito elevou-se de junto do corpo do moço. Ergueu-se uns 30cm do solo e voltou-se, logo em seguida, para o corpo de Eron, novamente, num resoluto e violento golpe. Posicionando sua boca sobre o pescoço e depois sobre a própria boca de Erasmino, a entidade vampira sugou-lhe, pelos orifícios superiores, preciosa cota de vitalidade, percebida, por quem pudesse ver, como uma nuvem ou uma torrente de ectoplasma. Quase exauriu o rapaz, que permaneceu estirado pelo chão, enquanto o funcionário do local tentava, de todo jeito, fazê-lo despertar.

— Isso é coisa do Diabo, do danado, do Satanás! Valei-me, meu Deus e minha Nossa Senhora — o homem era católico carismático e rezava com todas as forças de sua alma. — Nunca mais vou trabalhar num lugar destes. Eu sabia que, algum dia, iria acontecer algo complicado por aqui.

A entidade ainda sugava o ectoplasma, deixando Erasmino desvitalizado. Com a insistência do homem em chamá-lo, pouco a pouco, Erasmino foi acordando do transe, ainda muito lânguido e debilitado. Encarou o homem, ajoelhado a seu lado, e lhe pediu:

— Me ajuda! Parece que desmaiei.

— Vou levar você para casa. Vamos, me diga onde mora

que eu o levo; não está em condições de ir sozinho.

— Para casa, não! Agora, não. Onde estão meus amigos? Onde estão Renan e Natan?

— Parece que seus amigos se foram. Aliás, moço, todos se foram.

— Me ajude, me leve a um hotel na Av. Paulista... Minha mãe não pode me ver assim.

— Seu Erasmino, nenhum hotel decente vai aceitar o moço do jeito que o moço está. Posso levar você para um hospital... Ou direto para sua casa?

Eron ficou em silêncio, tentando compreender o que o deixara tão completamente arruinado, quase doente, mas desistiu de buscar uma explicação. Enquanto isso, o homem o ergueu do solo e, com a ajuda do outro funcionário, acomodou-o numa cadeira.

— Me dê o seu endereço, seu moço, que eu levo o senhor para casa. Não aconselho ficar aqui. O dono do lugar está furioso com o senhor e pode voltar a qualquer momento.

Erasmino continuou sem entender nada, mas, assustado, achou melhor obedecer e disse-lhe o endereço, com muito custo.

— Estou com sede! — falou para o rapaz que o ajudava.

E o homem providenciou um copo d'água para ele.

— Quero mais, muito mais...

O homem, então, trouxe um litro d'água. Erasmino tomou o litro inteiro e mais outro. Nunca bebera tanta água assim. Logo após, Erasmino foi levado até o carro do seu benfeitor, que partiu célere para a casa de D. Niquita, com Erasmino ao lado, quase desfalecido. Do outro lado da membrana psíquica, a entidade observava tudo e acompanhava o carro pelas ruas de São Paulo. Duas outras entidades juntaram-se a ela, sobrevoando o veículo como se fossem urubus. Um barulho incômodo pôde ser ouvido pelo motorista sem que este lhe detectasse a procedência. Era a farfalha das entidades trevosas, que vinham acima do carro grasnando feito aves de rapina, emitindo sons incompreensíveis.

Em alguns minutos mais, finalmente, chegaram à casa de Erasmino. Niquita, ao ver o filho quase desfalecido, os recebeu desesperada.

— Dona, ele passou mal e parece ter desmaiado. Quando consegui acordá-lo, ele me deu seu endereço e vim trazê-lo aqui. Cuida do seu filho, dona; ele precisa de ajuda.

— O senhor sabe o que aconteceu com ele?

O homem hesitou, avaliando se deveria relatar à mãe do rapaz as ocorrências insólitas da noite, enquanto ajudava a conduzir Erasmino até o interior da casa, acomodando-o no sofá.

— Não sei, minha senhora! Sinceramente, não sei... — preferiu omitir os fatos e o local onde Erasmino estivera. Julgou que assim pouparia a mãe aflita de mais problemas e preocupações.

— Meu filho, o que aconteceu com você? Me fala! Onde você estava? — Niquita chorava, copiosamente, ao ver o filho desfalecido, mole e extremamente fraco. Erasmino mal conseguia falar; esforçou-se para pedir mais água. Bebeu muita água.

Assim que o benfeitor viu o rapaz amparado pela mãe, despediu-se, condoído da situação da pobre mulher ao ver seu filho naquele estado lastimável. Deveria, porém, voltar ao trabalho. Se o proprietário descobrisse que ele ajudara aquele rapaz poderia perder o emprego, ou coisa pior.

— Seu filho precisa de ajuda espiritual, dona — falou o motorista ao partir, olhando para trás. — Ele precisa de muita ajuda, mesmo. Tem algo muito pesado com ele.

Niquita ouvia, mais uma vez, aquela recomendação. Com efeito, não era a primeira pessoa que falava assim para ela. Algo devia ter acontecido com seu filho, algo muito incomum.

— Mãe, eu preciso de ajuda! Me socorre! Não sei o que houve comigo...

— Eu avisei, mãe... — disse Sofia, a irmã de Erasmino, que, por acaso, estava em casa naquele momento. — Ele precisa de passes, urgentemente.

— Não é desta ajuda que preciso... — balbuciou Erasmino, antes de perder a consciência uma vez mais.

— Meu Deus, meu filho é um santo! Ajude ele, por favor! — clamava Niquita aos céus, desesperada e em prantos, alisando o rosto do filho sem saber mais como proceder.

Sem que ninguém esperasse, novamente Erasmino modificou sua postura. Ergueu-se como se estivesse subitamente recomposto, como num passe de mágica, sem nenhum sinal do cansaço e da debilidade de antes. As duas, mãe e filha, ergueram-se também, encarando Erasmino com um misto de espanto e assombro. Abraçaram-se as duas ao notarem que estava em curso algo, de fato, excepcional.

— Então, vocês são a família deste infeliz?! — ressoava uma voz potente e grave através da boca do rapaz. — E não sabem que ele não é nenhum santinho, assim, como pensam?

Niquita não parava mais de chorar, agora aos soluços, enquanto Sofia a segurava com os braços e balbuciava uma oração.

— Ele está incorporado, mãe — falava a moça para Niquita, com a máxima serenidade possível. — Eu já vi isso antes; é obsessor.

A voz deu uma estrondosa gargalhada.

— Vocês são patéticas! Então, não sabem que este queridinho usa drogas? Que frequenta um grupo de orgias e bacanal?

— Meu filho não faz nada disso! — respondia Niquita, entre infantil e ofendida, rogando ajuda de quem quer que fosse para aplacar seu desespero.

— Pois é! Este moço aqui não é nenhum santinho como vocês pensam. Estou aqui atraído, apenas, pelo comportamento dele. Ou pensam que estou ao lado dele por acaso? — gargalhava a entidade. — Eu fui chamado pelo comportamento dele. Este safado aqui é um garanhão, um comedor; ele tem várias mulheres e é assíduo num grupo de orgias, há mais de quatro anos. Ele e mais três amigos. Foi lá que o encontrei pela primeira vez. Ele fede a sexo. O cheiro dele exala por cada poro de seu corpo. E não adianta ele pedir ajuda, coisa nenhuma, pois logo depois de clamar aos quatro cantos, com carinha de arrependido, ele desiste. É um fraco, um covarde, que não se assume e teme ser desmascarado. É por isto que ele borra as calças de medo de encarar as coisas espirituais: por puro medo de ser desmascarado.

Niquita desmaiou diante da revelação sobre a conduta do filho. Nunca poderia sequer imaginar que Erasmino, o seu Erasmino, era alguém assim. Não conhecia essa outra face do filho a quem tanto amava — muito mais do que amava a filha, o que era patente, para quem quisesse enxergar.

Enquanto a entidade falava, Sofia deixou sua mãe deitada no sofá onde antes estivera recostado Erasmino e saiu feito doida, chamando Ione, a vizinha, que a esta altura havia chegado de viagem. Deixou, ali, a entidade incorporada e partiu em busca de socorro, pois, embora lesse muita coisa a respeito, não sabia como proceder. O conhecimento que detinha não bastava para enfrentar a entidade sozinha — tampouco, tinha coragem para tanto.

O caos se estabelecera. Dentro de poucos minutos, entrou novamente em casa, seguida por Ione. Esta paramentou-se em tempo recorde e fez sua entrada triunfal, toda enfeitada com ramos, colares, velas e balangandãs, além de um defumador que exalava um odor irritante. Tentou enfrentar a entidade, munida, também, de uma espada-de-são-jorge, que pretendia usar para repelir o obsessor, segundo acreditava. Começou o exorcismo batendo o vegetal no corpo de Erasmino, como se fosse uma mágica espiritual. A entidade irritou-se e virou-se para a mulher, enquanto Niquita voltava a si, amparada por Sofia.

— Você? — a entidade questiona Ione. — Você acha que tem moral para me expulsar daqui, deste corpo?

— Eu sou médium! Você tem de me obedecer — quase gritava Ione, fazendo sua pantomima, no momento em que outros vizinhos alvoroçados se juntavam do lado de fora da porta com os mais corajosos — ou fofoqueiros —, na varanda.

— Você não é nada disso, mulher! Deixe de representar

para seus amigos. Você nem sabe com quem está lidando... Tente todos os recursos que você conhece e veja se eu obedeço a alguém.

Ione fazia malabarismos exóticos, agitando os braços e as mãos, pois sabia que, além de Niquita, as demais pessoas que ali acorriam a viam. Queria parecer médium de todo jeito, apesar da ideia distorcida que tinha a esse respeito. O espírito, detentor de uma inteligência invulgar, já estava enfadado com Ione e resolveu desmascará-la, ali mesmo:

— Acha que as pessoas acreditam em você, mulher? Acha mesmo que, ao menos, seu filho queridinho acredita na sua *mise-en-scène*? Por acaso não percebeu que ele saiu de São Paulo envergonhado de você? Ou crê que ele desconhece sua relação com o oficial do Comando onde ele trabalhava? Mesmo assim, ainda pensa que tem alguma moral para me expulsar?

Ione parou no meio do gesto de malabarismo que ensaiara. Ficou estática; não conseguia fazer nem dizer nada. Os vizinhos encaravam-na com olhar de reprovação. Sua vida era exposta ali, diante da plateia que tanto ambicionava, sem nenhum pudor.

— Foi por isso que seu filho Igor foi para o Rio de Janeiro, por descobrir que você é uma vagabunda que transava com o superior dele e, ainda, com outro soldado do batalhão, subordinado a ele! E agora, o que me diz? Me expulsa daqui, se tiver poder para isso...

Ione começou a chorar e teve uma ideia repentina:

— Você é um espírito do mal, um espírito das trevas, por isso usa mentiras para induzir as pessoas. Você é um obsessor, eu sinto isso com minha mediunidade. Pare de mentir, seu desgraçado; pare de fazer isso com o pobre Erasmino, em nome de Deus.

— Em nome de Deus? — o subterfúgio não pareceu eficaz. — Quem é você para falar em nome daquele cujo nome nem nós pronunciamos, por respeito a Ele? Como ousa falar em nome de alguém que você nunca conheceu? — tenaz, a entidade não se abalava.

E Ione continuava falando, incessantemente, como se sua voz pudesse se sobrepor à voz da entidade, que prosseguiu usando a voz de Erasmino. Niquita rezava, sentada no sofá, impotente e inconsolável. Ione, então, num gesto repentino de puro desespero ante as revelações da entidade, partiu para cima de Erasmino, empunhando a espada-de-são-jorge, na tentativa inútil de expulsar o espírito. Em vão. A mão de Erasmino se ergueu, também repentinamente, detendo o gesto de Ione. Ela parou ali mesmo, em meio ao movimento pretendido. Esbarrou contra um campo de forças invisível, a respeito do qual ela nada conhecia. Não estava ali um espírito qualquer; era alguém especializado.

Ao notar que as coisas fugiam do controle, Niquita arregimentou forças onde não achava ter. Levantou-se e escorraçou os vizinhos de sua casa. Nada poderia ser pior do que o falatório dos vizinhos. Caso não fizesse algo, aquela situação com Erasmino, também, sairia o controle.

Erguendo a voz com firmeza invulgar, Niquita iniciou uma oração simples, o Pai-Nosso, mas com tanto fervor, que começou a irradiar de si uma luz que cegou a entidade. Gradativamente, o espírito suavizou a forma como se dirigia a Ione, que não conseguia parar de chorar, ao constatar que fora desmascarada e sua vida, exposta, irremediavelmente.

A entidade, agora, mirava Niquita e, também, Sofia. A

irmã de Erasmino pegou a bolsa e saiu de fininho, temendo ser igualmente exposta, diante da mãe e da vizinha. Na verdade, ela tinha muito a esconder e, por isso, quase não ficava em casa. A entidade, através de seu irmão, a encarou e fez menção de abrir a boca para dizer algo; ela saiu rápido, olhando para o chão, por medo de encarar o irmão incorporado. O espírito virou-se lentamente para ela, enquanto Niquita, possuída de um sentimento de fervor, de uma fé inquebrantável, declarou à entidade, dedo em riste:

— Olha aqui, seu demônio, seja lá quem você for. Se não respeita as pessoas aqui presentes é porque você não conhece e nunca enfrentou uma mulher de verdade e uma mãe como eu — assegurou, imbuída de um fervor, de uma coragem inabalável, enfrentando o espírito com as únicas armas que conhecia. — E eu lhe digo que não vou permitir que faça isso com meu filho, nem através dele. Nem que eu tenha de ir ao inferno e enfrentar você. Ah! Você não conhece uma mãe em fúria. Eu perco a minha salvação, mas não permitirei que você use o meu Erasmino. Vou incorporar até o capeta, mas eu expulso você daí, seu miserável.

E gritando, num tom de voz que nunca foi ouvido sair de sua boca, e com a mente ligada à fé que tinha em Nossa Senhora Aparecida, sentenciou, quase assustando a entidade:

— Sai do meu filho, seu demônio das trevas! Eu ordeno, agora: saia do corpo do meu filho, em nome de Nossa Senhora e de uma mãe furiosa! Ou eu acabo com você, seu miserável da escuridão — e molhava sua mão nas próprias lágrimas e passava no rosto do filho incorporado. Várias vezes repetiu esse gesto, com uma determinação incomparável.

A entidade não pôde resistir à vontade firme de Niquita, que chorava, mas estava tomada de uma fibra invulgar ao enfrentar de peito aberto o ser maléfico. Erasmino estremeceu o corpo todo. Ouviu-se um som gutural, como se fosse um regurgitar das sombras, saindo pela boca do rapaz, enquanto o espírito sombrio se afastava do psiquismo de Erasmino.

Niquita fora capaz de sobrepujar o mal pela vontade determinada, pela força de sua fé e pela coragem que aquele ser não esperava encontrar numa mãe, tão consciente de seu poder e tão transparente na forma como enfrentou aquele chefe de falange do umbral. O bando de espíritos que acompanhava a entidade sombria partiu em debandada, pois, ante a determinação da mãe e a força de vontade arregimentada a fim de ajudar o próprio filho, entidades do bem foram atraídas para aquele lar. Chegaram, exatamente, na hora em que ela enfrentava o ser da escuridão, ordenando-o que abandonasse seu filho. Niquita ignorou Ione, que permanecia em sua casa, chorando baixinho, e levou Erasmino para o quarto. Auxiliou o filho a deitar-se na cama, alisando seus cabelos, enquanto falava, baixinho:

— Durma, meu filho, durma que sua mãe vai velar por você. Nenhuma força do inferno poderá me impedir de ajudar você. Nenhum ser do mal poderá enfrentar meu amor por você. Descanse, filhinho, descanse em paz.

Ione saiu da casa de Niquita também determinada. Iria procurar Mãe Odete, imediatamente. Precisava de alguém com poderes para resolver aquele caso. Além do mais, ela própria teria de dar um jeito na vida. Precisava de conselhos, urgentemente. Estava disposta a pedir perdão ao próprio filho. Mudaria sua vida, a partir daquele momento. Saindo da casa de Niquita, jogou fora os ramos, os colares e as velas, que foram inócuos no enfrentamento da entidade misteriosa.

Passaram-se cerca de seis meses, antes que novos acontecimentos determinassem o futuro de Erasmino. Somente lendo *Tambores de Angola* poderá o leitor entender o desenlace dos acontecimentos. Graças a Erasmino, centenas e milhares de pessoas deixariam de lado o preconceito e a reserva com que encaravam a umbanda, desde há muito tempo. A obsessão de Erasmino levaria multidões a conhecer a umbanda, através da sua história de vida. Leia *Tambores de Angola* e entenderá como e por quê.

CATÁLOGO | **CASA DOS ESPÍRITOS**

ROBSON PINHEIRO

PELO ESPÍRITO JÚLIO VERNE
2080 [obra em 2 volumes]

PELO ESPÍRITO ÂNGELO INÁCIO
Encontro com a vida
Crepúsculo dos deuses
O próximo minuto
Os viajores: agentes dos guardiões
Nova ordem mundial

COLEÇÃO SEGREDOS DE ARUANDA
Tambores de Angola
Aruanda
Antes que os tambores toquem
Corpo fechado (pelo espírito W. Voltz)

SÉRIE CRÔNICAS DA TERRA
O fim da escuridão
Os nephilins: a origem
O agênere
Os abduzidos

TRILOGIA O REINO DAS SOMBRAS
Legião: um olhar sobre o reino das sombras
Senhores da escuridão
A marca da besta

TRILOGIA OS FILHOS DA LUZ
Cidade dos espíritos
Os guardiões
Os imortais

SÉRIE A POLÍTICA DAS SOMBRAS
O partido: projeto criminoso de poder
A quadrilha: o Foro de São Paulo
O golpe

ORIENTADO PELO ESPÍRITO ÂNGELO INÁCIO
Faz parte do meu show

PELO ESPÍRITO TERESA DE CALCUTÁ
A força eterna do amor
Pelas ruas de Calcutá

PELO ESPÍRITO FRANKLIM
Canção da esperança

PELO ESPÍRITO PAI JOÃO DE ARUANDA
Sabedoria de preto-velho
Pai João
Negro
Magos negros

PELO ESPÍRITO ALEX ZARTHÚ
Gestação da Terra
Serenidade: uma terapia para a alma
Superando os desafios íntimos
Quietude

PELO ESPÍRITO ESTÊVÃO
Apocalipse: uma interpretação espírita das profecias
Mulheres do Evangelho

PELO ESPÍRITO EVERILDA BATISTA
Sob a luz do luar
Os dois lados do espelho

PELO ESPÍRITO JOSEPH GLEBER
Medicina da alma
Além da matéria
Consciência: em mediunidade, você precisa saber o que está fazendo
A alma da medicina

ORIENTADO PELOS ESPÍRITOS
JOSEPH GLEBER, ANDRÉ LUIZ E JOSÉ GROSSO
Energia: novas dimensões da bioenergética humana

COM LEONARDO MÖLLER
Os espíritos em minha vida: memórias
Desdobramento astral: teoria e prática

CITAÇÕES
100 frases escolhidas por Robson Pinheiro

MARCOS LEÃO PELO ESPÍRITO CALUNGA
Você com você

DENNIS PRAGER
Felicidade é um problema sério

**Quem enfrentará o mal
a fim de que a justiça prevaleça?
Os guardiões superiores
estão recrutando agentes.**

COLEGIADO DE GUARDIÕES DA HUMANIDADE
por Robson Pinheiro

FUNDADO PELO MÉDIUM, terapeuta e escritor espírita Robson Pinheiro no ano de 2011, o Colegiado de Guardiões da Humanidade é uma iniciativa do espírito Jamar, guardião planetário.

Com grupos atuantes em mais de 10 países, o Colegiado é uma instituição sem fins lucrativos, de caráter humanitário e sem vínculo político ou religioso, cujo objetivo é formar agentes capazes de colaborar com os espíritos que zelam pela justiça em nível planetário, tendo em vista a reurbanização extrafísica por que passa a Terra.

Conheça o Colegiado de Guardiões da Humanidade. Se quer servir mais e melhor à justiça, venha estudar e se preparar conosco.

PAZ, JUSTIÇA E FRATERNIDADE
www.guardioesdahumanidade.org